AF272436

1 Ernährung bei Kurzdarmsyndrom

Diese Empfehlungen bitte immer mit Ernährungsberater/in, Arzt oder Diätologen/in absprechen! Die Rezepte und Zutatenlisten unterstützen die medizinischen Therapien.

Die Kalorienangaben frischer Zutaten (Obst und Gemüse) und die Inhaltsstoffe schwanken je nach Qualität und Erntezeit. Die Inhalte wurden von einer Diätologin und einer Ernährungsberaterin für die Traditionelle Chinesische Medizin (TCM) geprüft.

Autor:
©2022 Josef Miligui
Liebe Leserinnen und Leser, ich wünsche Ihnen viel Erfolg und gutes Gelingen bei der Umstellung Ihrer Ernährung. Dieses Buch wurde aus eigener Erfahrung mit Krankheit und Ernährung geschrieben und ich habe schon immer das Zubereiten guter Speisen geschätzt. Wenn Sie nicht so geübt sind im Kochen, empfiehlt sich ein Kurs bei Ernährungsberatern oder Diätologen, die Ihnen die Grundlagen der Kochmethoden sowie die richtige Verarbeitung der Zutaten vermitteln können. Anhand der Lebensmittellisten aus diesem Buch können Sie weitere Rezepte entwickeln und entdecken.

Quelle:
Die Listen werden aus der EBNS-Datenbank für die Ernährungsberatung generiert. Die Datenbank wird von Ernährungsberater, Therapeuten und Ärzte für die Beratung der Patienten/Klienten verwendet und ermöglicht eine Kombination mehrerer Syndrome.

Literaturliste:
Wir haben die Unterlagen als Wissensbasis genutzt und an unsere Erfahrungen angepasst und ergänzt.
www.ebns.at

Herstellung und Verlag:
BoD – Books on Demand, Norderstedt
ISBN: 9783833499630

DIÄTETIK - Gastrointestinaltrakt - Dünndarm und Dickdarm - Kurzdarmsyndrom

(Buch: 024)

1.1 Vorwort

Die Weltgesundheitsorganisation (WHO) davon spricht, dass bis zu 80% der Erkrankungen durch äußere Faktoren wie Ernährung, Lebensstil, Umweltgifte und dergleichen beeinflusst werden.

Welche Faktoren also jeder einzelne von uns aktiv beeinflussen kann und somit seine Chancen auf Erhöhung der allgemein Gesundheit erzielen kann, darum geht es auf den folgenden Seiten.

Der Fokus in diesem Buch liegt auf dem Faktor mit der größten Hebelwirkung - der Ernährung.

Schon Hippokrates hat einst gesagt "Lass die Nahrung deine Medizin sein und Medizin deine Nahrung!" Kräuterpädagog:innen heute sagen so: "Es gibt für jede Krankheit das richtige Kraut."

Egal wie wir es drehen und wenden, wir sind was wir essen (und was unser Essen gegessen hat). Der moderne Mensch sieht sich gerne isoliert von seiner Umwelt. Wir entstehen aus unserer Umwelt, wir leben inmitten von ihr und wenn wir sterben gehen wir wieder in unsere Umwelt über. Während wir leben essen wir das, was in unserer Umwelt wächst (oder in Fabriken chemisch erzeugt wird). Diese Nahrung liefert die Energie und Bausteine, für den eigenen Körper, für den Stoffwechsel, Zellerneuerung, den Hormonhaushalt und damit für unser gesamtes Sein, die Gesundheit und unser Empfinden.

Hier ein paar Grundbausteine, bevor in dem Buch noch näher auf Ernährungsfaktoren eingegangen wird, die sozusagen der kleinste gemeinsame Nenner der meisten Ernährungsphilosophien sind:

- Saisonalität
  - Winterpflanzen, wie zum Beispiel verschiedene Kohlgewächse, versorgen uns mit Unmengen von Vitamin C und Bitterstoffen. Zwei Faktoren, die unser Immunsystem bei der Abwehr von der Kälte und den typischen Infekten in der Winterzeit unterstützen.
  - Sommerpflanzen wie zum Beispiel Gurken, Tomaten aber auch Zitrusfrüchte kühlen unseren aufgeheizten Körper und versorgen uns mit viel Wasser.
  - Außerdem müssen bei saisonalen Pflanzen weniger chemische Helferlein eingesetzt werden, da die passenden Umweltfaktoren das Wachstum sowieso fördern.
- Regionalität
  - Damit einher geht auch der Faktor der Regionalität. Regionale pflanzliche Lebensmittel werden reif geerntet und haben somit alle Nährstoffe entwickeln können. Im Gegensatz dazu wird Obst und Gemüse aus ferneren Ländern unreif geerntet und nur durch den Einsatz von chemischen Mitteln unnatürlich "nachgereift" - bzw. nur nach-gefärbt. Die Dichte der Nährstoffe und auch der

Geschmack kann dabei niemals mit regionalen Lebensmitteln mithalten. (Sie haben es vielleicht schon selber erlebt, dass eine Südfrucht aus dem jeweiligen Ursprungsland dort im Urlaub viel süßer und vollmundiger schmeckt als die gleiche Frucht aus dem zentraleuropäischen Supermarkt).

- Pflanzenbasierte Ernährung
  - Ja, diese Basis teilen selbst die Anhänger der Fleischdiät mit den Veganern. Denn bei der Fleischdiät geht es auch um Fleisch von Tieren, die sich artgerecht, sprich von vielen Gräsern und Kräutern ernährt haben. Die Masse an Getreide in der heutigen Ernährung - egal ob bei Mensch oder Tier - entspricht nicht der natürlichen Ernährungsweise. Sie macht uns krank, dick und manche behaupten sogar dumm (das weist auf die Schädigung der neuronalen Netzwerke hin, die durch den Konsum von Kohlenhydraten passiert hin). Pflanzen im Sinne von Gemüse, Kräutern, Salaten, Sprossen, in geringen Mengen Obst, Nüsse, Samen, etc. liefern neben den viel beschriebenen Vitaminen und Mineralstoffen vor allem sekundäre Pflanzenstoffe, die herausragende Heilwirkung haben. So werden eine Vielzahl unserer Medikamente auf Basis der natürlich vorkommenden Pflanzenstoffe nachgebaut. Allerdings sind da diverse Säuren und andere Wirkstoffe extrahiert und wirken nur alleine - mit den Pflanzen selbst nehmen wir sie in einer reichhaltigen und sich gegenseitig verstärkenden Kombination vielerlei wirksamer Stoffe zu uns.

Ja zusätzlich zu diesen 3 großen Punkten gibt es immer noch sehr viel zu beachten. Ein optimales Verhältnis von Omega 3 zu Omega 6 Fettsäuren (empfohlen wird 1:3), eine individuell und situationsbedingte Eiweißversorgung und so weiter.

Eine ganz gute und einfache Richtlinie für die alltägliche Ernährung bietet der ideale Teller. Der sieht so aus, dass möglichst jede Mahlzeit zur Hälfte aus pflanzlichen Bestandteilen besteht, ein Viertel der Eiweißversorgung dient und ein Viertel die Mahlzeit durch gute Fette und eventuell Kohlenhydrate abrundet.

Die Feinjustierung rund um die Zubereitungsarten, die Zusammenstellungen und so weiter sehe ich als sehr individuell an. Es gibt meines Erachtens nicht die 1 perfekte Ernährung. Es gibt so viele großartige Philosophien und Studien, die alle wunderbare Heilungen berichten und sich dabei aber gegenseitig ausschließen. Was auf den ersten Blick vielleicht paradox wirkt, eröffnet bei näherer Betrachtung ganz viele Möglichkeiten des Probierens und neuer Chancen.

Neben der Ernährung werden noch folgende Faktoren genannt:
- die Giftstoffbelastung in unserer Umwelt sowie in Pflegeprodukten oder eben in der Ernährung
- eine Balance aus Aktivität, (kurzzeitigem) Stress und der Entspannung wie auch Schlaf
- Aufarbeitung der emotionalen Wunden aus der Vergangenheit und Steigerung der Resilienz
- Biologische Zahnheilkunde
- eine optimierte Versorgung durch Heilkräuter, Heilpilze udgl.
- Früherkennung durch bewährte und schonende Verfahren
-

1.2 Beschreibung

Das Kurzdarmsyndrom (engl. short bowel syndrome) bezeichnet ein Krankheitsbild, das durch die operative Entfernung (Resektion) großer Teile des Dünndarms entsteht.

1.3 Therapiestrategie

Angegriffene Darmschleimhaut aufbauen, leichtverdauliche Nahrung, Astronautenkost.
Essen Sie langsam und kauen Sie ihr Essen gut. Damit werden Stoma Blockaden und Blähungen vermieden. Achten Sie auf ausreichend Flüssigkeit von mindestens 2 Litern täglich – allerdings nicht zu den Mahlzeiten, damit eine ausreichende Resorption der Nahrung erfolgen kann – und auch auf deren Temperatur. Zu kalte oder zu heiße Getränke können den Entleerungsrhythmus beschleunigen. Die Fruchtsäure von konzentrierten Fruchtsäften und Essig, aber auch scharfe Gewürze können die Haut in der Umgebung des Stomas reizen. Faserreiche Lebensmittel (Rindfleisch, Spargel, Kohl, Kraut) können den Stoma Ausgang verstopfen.

1.4 Vermeiden

Säurehaltige, blähende, faserreiche Lebensmittel.

2 Speiseplan

Kkal. p. Portion

2.1 Frühstück

2.2 Jause

2.3 Mittag

2.4 Nachmittag

2.5 Abend

3 Rezepte

empfehlenswert = Sie können mehr verwenden
wenig = wenn möglich weniger verwenden
weniger als angegeben = möglichst nicht verwenden

3.1 Antipasti

Fördert Durchblutung, lindert Entzündungen und Schmerzen,
harntreibend, senkt Blutdruck, antioxidativ, antibakteriell, regt Kreislauf
an. Hilft bei: Appetitlosigkeit, Magen- und Verdauungsschwäche,
Blähungen.

Anzahl Portionen: 3
Kalorien p. Portion 100
Gramm p. Portion 246,83
Kochdauer ca. 40 min.
(Kohlehydrat:53,79% / Eiweiß & Fett:46,21%)
100g.≈ Eiweiß 2,75g. Fett:5,61g.
µg. - Ph:7,93 Na:1,08 Ka:67,5 Mg:5,14 Ca:7,21 Fe:0,24 Zn:0,03 Col.:0 Hsr.:5,8

Zutaten:
Peperoni 1 Stück / 5g. (wenig)
Zitrone Saft 1 EL / 10g. (wenig)
Aubergine 1 Stück / 300g. (ja)
Tomate 4 Stück / 200g. (ja)
Zucchini 200 g. / 200g. (empfehlenswert)
Zitrone Schale 1/2 Stück / 3g. (wenig)
Olivenöl 1 EL / 15g. (wenig)
Basilikum (frisch) 8 Blätter / 5g. (ja)
Salz 1 Prise / 0,5g. (wenig)
Koriander 1/2 TL / 2g. (ja)

Kochanleitung:
Peperoni im Ofen bei 250 Grad backen, bis die Schale dunkel wird (ca.
20 Min.). Die Peperoni abdecken und auskühlen lassen, häuten und in
ca. 2 cm breite Streifen schneiden. Tomaten halbieren und gemeinsam
mit den in Scheiben geschnittenen Auberginen mit Öl bestreichen und
im Ofen bei 200 Grad goldbraun backen (ca. 10 Min.).
Zucchinischeiben in Grillpfanne (ohne Fett) anbraten. Alles zusammen
anrichten, die Marinade aus Olivenöl, Salz und Zitronenschale mischen
und über das Gemüse gießen. Mit Koriander bestreuen und 1 Std.
ziehen lassen.

3.2 Apfel-Bananen-Creme

Reguliert Magen-Darm-Funktion, liefert Vitamin C, cholesterinsenkend, entzündungshemmend, harntreibend, fördert Durchblutung.

Anzahl Portionen: 4
Kalorien p. Portion 110
Gramm p. Portion   206,25
Kochdauer ca.   15 Min.
(Kohlehydrat:94,44% / Eiweiß & Fett:5,56%)
100g.≈ Eiweiß 0,84g. Fett:0,51g.
µg. - Ph:3,01 Na:0,49 Ka:38,02 Mg:2,73 Ca:2,25 Fe:0,1 Zn:0,01 Col.:0 Hsr.:3,19

Zutaten:
Apfel (sauer) 400 g. / 400g. (wenig)
Wasser 200 ml. / 200g. (ja)
Orange Schale 1/4 Stück / 5g. (wenig)
Zitrone Schale 1/2 Stück / 2g. (wenig)
Zucker braun 2 TL / 6g. (wenig)
Zimtstange 1 Stück / 0g. (ja)
Banane 1 Stück / 150g. (empfehlenswert)
Acerola Fruchtnektar oder Pulver 1 TL / 2g. (wenig)
Orangensaft 1/2 Stück / 50g. (wenig)
Zitrone Saft 1 EL / 10g. (wenig)

Kochanleitung:
Apfel in feine Spalten schneiden, mit Wasser, Orangen- und Zitronenschale, Zucker und Zimt zum Kochen bringen und ca. 7 Min. köcheln lassen. Die Äpfel sollen fast weich sein. Acerola zufügen und Zimtstange entfernen. Mit dem Mixstab Apfel, Banane, Orangen- und Zitronensaft fein pürieren.

3.3 Aprikosen-Preiselbeer-Eis

Erhöht Widerstandskraft gegen Infektionen, gut bei Mundschleimhautentzündung und Durchfall. Wirkt positiv auf Harnwegsorgane.

Anzahl Portionen: 2
Kalorien p. Portion 107
Gramm p. Portion   222,5
Kochdauer ca.   5 Min.
(Kohlehydrat:90,83% / Eiweiß & Fett:9,17%)
100g.≈ Eiweiß 1,91g. Fett:0,48g.
µg. - Ph:7,98 Na:0,94 Ka:107,17 Mg:4,69 Ca:8,02 Fe:0,03 Zn:0,01 Col.:0 Hsr.:8,57

Zutaten:
Marillen 350 g. / 350g. (wenig)
Wasser 50 ml. / 50g. (ja)
Preiselbeere 3 EL / 45g. (ja)

Kochanleitung:
Aprikosensaft mit dem Preiselbeersirup vermischen. Den Saft in
Schleckeis-Förmchen füllen, ins Tiefkühlfach stellen und in ca. 3 Std.
gefrieren lassen.

3.4 Astronautenkost

Eiweißreiche Trinknahrung mit sehr hoher Energiedichte. Optimierter
Eiweißanteil gleicht Stickstoffverluste aus und fördert die
Proteinanabolie.
Anzahl Portionen: 1
Kalorien p. Portion 1.045
Gramm p. Portion 250
Kochdauer ca. 5 Min.
(Kohlehydrat:39,13% / Eiweiß & Fett:60,87%)
100g.≈ Eiweiß 115g. Fett:25g.
µg. - Ph:900 Na:290 Ka:1070 Mg:0 Ca:0 Fe:0 Zn:0 Col.:0 Hsr.:0

Zutaten:
Astronautenkost 1 Paket / 250g. (ja)

Kochanleitung:
Nur nach Anweisung des Arztes oder Therapeuten verwenden.

3.5 Aufgeschlagene Banane

2 x tgl. essen, reguliert Magen-Darm-Funktion, wirkt stopfend.
Anzahl Portionen: 1
Kalorien p. Portion 144
Gramm p. Portion 150
Kochdauer ca. 7 Min.
(Kohlehydrat:94,54% / Eiweiß & Fett:5,46%)
100g.≈ Eiweiß 1,65g. Fett:0,3g.
µg. - Ph:28 Na:1 Ka:393 Mg:36 Ca:9 Fe:0,6 Zn:0,2 Col.:0 Hsr.:25

Zutaten:
Banane 1 Stück / 150g. (empfehlenswert)

Kochanleitung:
Banane mit der Gabel zerdrücken oder mit einem Mixstab pürieren.
Mindestens 5 Min. braun werden lassen.

3.6 Baby Monatsbrei

Stärkt Milz, Leber, Muskeln, Sehnen, Knochen und Immunsystem, bakterizid, harntreibend, verbessert Verdauung, regeneriert Haut.

Anzahl Portionen: 20
Kalorien p. Portion 157
Gramm p. Portion 345,15
Kochdauer ca. 2 Stunden
(Kohlehydrat:48,42% / Eiweiß & Fett:51,58%)
100g.≈ Eiweiß 13,53g. Fett:3,95g.
µg. - Ph:2,62 Na:1,02 Ka:8,56 Mg:0,64 Ca:1,1 Fe:0,07 Zn:0 Col.:0,03 Hsr.:1,45

Zutaten:
Rind Suppenfleisch 1 Kg / 1000g. (ja)
Wasser 1 1/2 Liter / 1400g. (ja)
Fenchelsamen gemahlen 1 TL / 3g. (ja)
Kartoffel 1 1/2 kg. / 1500g. (empfehlenswert)
Karotte (Frühkarotte) 3 kg. / 3000g. (empfehlenswert)

Kochanleitung:
Das Rindfleisch abwaschen und mit etwa ½ l Wasser in den Schnellkochtopf legen. Die Fenchelsamen dazugeben, den Topf schließen und aufsetzen. Bei Stufe 1 in etwa 45 Min. garen. Dann von der Kochstelle nehmen und warten, bis der Druck abgefallen ist (im normalen Kochtopf ca 1,5 Std. kochen). In der Zwischenzeit die Kartoffeln waschen und ungeschält in einen Topf geben. Etwa 5 cm hoch Wasser einfüllen, zum Kochen bringen und die Kartoffeln bei schwacher Hitze in 35-40 Min. garen. Das Fleisch aus der Brühe nehmen und in etwa 2 cm große Würfel schneiden. Die Karotten waschen, putzen, schälen und in grobe Stücke teilen. Die Hälfte der Karotten im geschlossenen Topf auf Stufe 1 in etwa 6 Min. garen. Abdampfen lassen und die Karotten mit einem Schaumlöffel herausheben. Dann die restlichen Karotten garen. In einer Schüssel etwas Fleisch mit Karotten und einer Kelle Bouillon mit dem Mixstab fein pürieren. Die noch heißen Kartoffeln pellen und portionsweise durch die Kartoffelpresse drücken. Nicht mit Püriergeräten zerkleinern, sonst wird das Püree kleisterig. Das lockere Kartoffelpüree mit dem Karotten-Fleisch-Mus mischen. In Tiefkühlbeuteln Portionen von 190-220 g (je nach Alter und Appetit) abwiegen, verschließen und im Tiefkühlgerät einfrieren. Der Monatsbrei ist bis zu 2 Monaten haltbar. Bei Bedarf den Beutel samt Inhalt in warmem Wasser auftauen lassen. Das Gemüse in einem Topf kurz aufkochen lassen und auf dem Teller mit 1 EL Butter oder Keimöl (am besten täglich wechseln) vermischen. Das Fett erst nach dem Kochen dazugeben - sonst werden wichtige Vitamine und Fettsäuren zerstört!

3.7 Baby Zartes Fenchel-Gemüse

Lindert Verstopfung, regt Nerven an, lindert Entzündungen, verbessert Durchblutung, regeneriert Haut, fördert Verdauung, harntreibend.

Anzahl Portionen: 2
Kalorien p. Portion 70
Gramm p. Portion 90
Kochdauer ca. 25 Min.
Allergene: G
(Kohlehydrat:45,79% / Eiweiß & Fett:54,21%)
100g.≈ Eiweiß 1,74g. Fett:4,28g.
µg. - Ph:21,28 Na:24,36 Ka:185,03 Mg:16,39 Ca:31,75 Fe:0,81 Zn:0,07 Col.:3,33 Hsr.:7,08

Zutaten:
Kartoffel 1 Stück / 50g. (empfehlenswert)
Fenchel 100 g. / 100g. (ja)
Wasser 2 EL / 20g. (ja)
Butter Bio 1 EL / 10g. (wenig)

Kochanleitung:
Die Kartoffel waschen und mit einem Sparschäler schälen. In etwa 2 cm große Würfel schneiden. Den Fenchel waschen, fleckige, dunkle Stellen entfernen und die Knolle kleinschneiden. Beides mit 2 EL Wasser in einem kleinen Topf zum Kochen bringen. Bei schwacher Hitze in etwa 15 Min. garen. Das Gemüse mit dem Pürierstab fein pürieren und dabei die Butter unterrühren. Fenchel beruhigt den Magen und beugen Blähungen vor. Außerdem enthält Fenchel besonders viel Vitamin C und Folsäure. Eine ideale Mahlzeit für kranke Kinder.

3.8 Bananen-Sojamilch

Gut bei Appetitlosigkeit, Mundschleimhautentzündung. Stärkt Körperenergie, fördert Verdauung, lindert Schmerzen, entgiftet, bakterizid.

Anzahl Portionen: 2
Kalorien p. Portion 126
Gramm p. Portion 263
Kochdauer ca. 5 Min.
Allergene: E
(Kohlehydrat:59,53% / Eiweiß & Fett:40,47%)
100g.≈ Eiweiß 7,49g. Fett:4,14g.
µg. - Ph:21,94 Na:251,11 Ka:110,08 Mg:13,31 Ca:9,78 Fe:0,4 Zn:0,11 Col.:0 Hsr.:33,68

Zutaten:
Banane 1 Stück / 120g. (empfehlenswert)
Sojabohnenmilch 400 ml. / 400g. (ja)
Honig 1 TL / 3g. (wenig)
Zimtpulver 1 Prise / 1g. (ja)
Acerola Fruchtnektar oder Pulver 1 TL / 2g. (wenig)

Kochanleitung:
Banane in Stücke schneiden, mit Sojamilch, Acerola, Honig und Zimt
mit dem Mixstab pürieren.

3.9   Basmatireis + Zucchini-Tofupfanne

Harntreibend, harmonisiert Milz und Magen, lindert Blähungen. Gut bei
Übergewicht und Bluthochdruck. Antioxidativ, fördert Verdauung,
entgiftet, stärkt Säfteproduktion, treibt Schweiß, reduziert Blutfett, stärkt
Magen.
Anzahl Portionen: 4
Kalorien p. Portion   146
Gramm p. Portion   306,75
Kochdauer ca.   20 min.
Allergene: E
(Kohlehydrat:56,62% / Eiweiß & Fett:43,38%)
100g.≈ Eiweiß 7,95g. Fett:4,89g.
µg. - Ph:13,21 Na:0,7 Ka:33,77 Mg:10,99 Ca:11,98 Fe:0,34 Zn:0,02 Col.:0 Hsr.:7,75

Zutaten:
Soja Tofu 250 g. / 250g. (ja)
Olivenöl 2 EL / 6g. (wenig)
Koriander 1/2 TL / 4g. (ja)
Ingwer frisch 1/2 TL / 4g. (ja)
Reis Basmatireis 1/2 Tasse / 60g. (wenig)
Wasser 3 Tassen / 200g. (ja)
Zucchini 1 Stück / 700g. (empfehlenswert)

Kochanleitung:
Tofu würfelig schneiden und mit Olivenöl, Tamari, zerstoßenem
Koriander und Ingwer marinieren und mindestens 1 Std. ziehen lassen.
Basmatireis im Wasser kochen und evtl. mit Zwiebel und Kardamom
würzen. Zucchini und Tofu in einer Pfanne in heißem Öl ca. 5-7 Min.
rösten und auf Tellern getrennt vom Reis anrichten. Petersilie
drüberstreuen. Kann auch kalt als Salat für zuhause oder unterwegs
verwendet werden.

3.10 Blitzschnelle Zucchinisuppe

Harntreibend, stärkt Magen-Darm-Funktion, erweitert Blutgefäße, bakterizid, beugt Krebs vor, beugt Krankheiten vor (bei älteren Menschen), regt Leberfunktion an, entgiftet.

Anzahl Portionen: 4
Kalorien p. Portion 42
Gramm p. Portion 241,5
Kochdauer ca. 10 min
(Kohlehydrat:46,03% / Eiweiß & Fett:53,97%)
100g.≈ Eiweiß 1,77g. Fett:2,05g.
µg. - Ph:3,81 Na:0,41 Ka:29,78 Mg:3,2 Ca:5,37 Fe:0,22 Zn:0,01 Col.:0 Hsr.:2,85

Zutaten:
Zucchini 2-3 Stück / 500g. (empfehlenswert)
Zwiebel weiss 1 Stück / 50g. (wenig)
Maiskeimöl 2 EL / 6g. (wenig)
Petersilie 1 EL / 7g. (ja)
Lauchzwiebel Schnittlauch 1 TL / 3g. (wenig)
Wasser 1/2 Liter / 400g. (ja)

Kochanleitung:
Gehackte Zwiebel in Öl andünsten. In Scheiben geschnittene Zucchini zufügen und gut andünsten. Mit Wasser aufgießen. Petersilie und Schnittlauch grob gehackt zufügen und alles pürieren.

3.11 Brennnessel mit Mangold Suppe

Harntreibend, reinigt die Nieren, hemmt die Bildung von Entzündungsstoffen, wirkt schmerzlindernd. Mangold unterstützt die Darmtätigkeit und reinigt den Darm.

Anzahl Portionen: 4
Kalorien p. Portion 52
Gramm p. Portion 230,38
Kochdauer ca. 30 Min.
(Kohlehydrat:41,21% / Eiweiß & Fett:58,79%)
100g.≈ Eiweiß 2,64g. Fett:2,87g.
µg. - Ph:5,68 Na:12,63 Ka:52,35 Mg:11,26 Ca:15,14 Fe:0,37 Zn:0,01 Col.:0 Hsr.:9,79

Zutaten:
Brennnessel 1 Handvoll / 10g. (ja)
Mangold 1/2 Kg. / 500g. (ja)
Salz 1 Prise / 1g. (wenig)
Wasser 1/2 Liter / 400g. (ja)
Olivenöl 1 EL / 10g. (wenig)
Pfeffer gemahlen 1 Prise / 0,5g. ()

Kochanleitung:
In einem Topf das Öl erhitzen, den gewaschenen und fein geschnittenen Mangold dazugeben, salzen und 10 Min. köcheln lassen. Die gehackten Brennnesseln zufügen und weitere 10 Min. kochen. Mit Pfeffer würzen und pürieren.

3.12 Couscous-Salat

Bakterizid, beugt Krebs vor, stärkt Magensaftproduktion, fördert Verdauung, regt Leberfunktion an, senkt Blutdruck, stärkt Immunsystem, reduziert Strahlenverletzungen, harntreibend.

Anzahl Portionen: 3
Kalorien p. Portion 338
Gramm p. Portion 285,67
Kochdauer ca. 25 Min.
Allergene: A
(Kohlehydrat:75,44% / Eiweiß & Fett:24,56%)
100g.≈ Eiweiß 12,22g. Fett:7,11g.
µg. - Ph:15,3 Na:17,27 Ka:83,68 Mg:6,5 Ca:21,3 Fe:0,46 Zn:0,07 Col.:0 Hsr.:13,69

Zutaten:
Wasser 250 ml. / 100g. (ja)
Olivenöl 1 EL / 15g. (wenig)
Couscous 200 g / 200g. (ja)
Zitrone Saft 3 EL / 30g. (wenig)
Zitrone Schale 1 TL / 2g. (wenig)
Tomate 2 Stück / 80g. (ja)
Gurke 100 g. / 100g. (ja)
Karotte (Mohrrübe, Möhre) 100 g. / 100g. (empfehlenswert)
Petersilie 1 Bund / 100g. (ja)
Lauchzwiebel Schnittlauch 1 Bund / 100g. (wenig)
Pfefferminze 3 Äste / 30g. (ja)

Kochanleitung:
In einem kleinen Topf 250 ml Wasser mit Salz und 1 EL Olivenöl zum Kochen bringen. Couscous einrühren, vom Herd nehmen und zugedeckt 5 Min. quellen lassen. Couscous zurück auf den Herd stellen und bei milder Hitze weitere ca. 2 Min. unter ständigem leichten Rühren ziehen lassen. Eventuell noch 1-3 EL heißes Wasser untermischen. Couscous mit Zitronensaft, kleingehackter Zitronenschale und 1 EL Öl vermischen, mit Salz und Pfeffer abschmecken und etwas durchziehen lassen. Couscous mit gewürfelten Tomaten und Gurken, geriebenen Karotten, Petersilie, Schnittlauch und Minze (fein gehackt) vermischen. Couscous-Salat mit Zitronensaft, Salz und Pfeffer abschmecken.

3.13 Cranberrisaft

Antibakteriell, harntreibend. Gut bei Appetitlosigkeit, Arteriosklerose, Blasenentzündung, Durchfall, Fieber, Gicht, Magengeschwür, Mundschleimhautentzündung, Rheuma. Gegen freie Radikale, gegen Erkältung. Beugt Vitamin-C-Mangel vor.

Anzahl Portionen: 1
Kalorien p. Portion 43
Gramm p. Portion 160
Kochdauer ca. 5 Min.
(Kohlehydrat:98,46% / Eiweiß & Fett:1,54%)
100g.≈ Eiweiß 0,14g. Fett:0,02g.
µg. - Ph:2,06 Na:1,53 Ka:11,69 Mg:1,16 Ca:4,22 Fe:0,09 Zn:0,1 Col.:0 Hsr.:3,12

Zutaten:
Cranberries 2 EL / 25g. (ja)
Wasser 1 Tasse / 125g. (ja)
Honig 1 EL / 10g. (wenig)

Kochanleitung:
Cranberries und etwas Wasser mit dem Pürierstab zu einem Brei mixen. Mit dem restlichen Wasser aufgießen und mit Honig süßen.

3.14 Fenchel-Kartoffel-Auflauf

Lindert Entzündungen, verbessert Durchblutung, verbessert Verdauung, harntreibend. Gut bei Appetitlosigkeit, Blähungen, Darmentzündungen, Sodbrennen. Stärkt Magensaftproduktion.

Anzahl Portionen: 2
Kalorien p. Portion 147
Gramm p. Portion 230,5
Kochdauer ca. 1 1/2 Stunden
Allergene: CGL
(Kohlehydrat:68% / Eiweiß & Fett:32%)
100g.≈ Eiweiß 5,72g. Fett:5,42g.
µg. - Ph:15 Na:12,98 Ka:80,91 Mg:13,52 Ca:40,41 Fe:0,41 Zn:0,09 Col.:7,81 Hsr.:3,64

Zutaten:
Fenchel 200 g. / 200g. (ja)
Kartoffel 125 g. / 125g. (empfehlenswert)
Grundrezept für eine Gemüsebrühe nahrhaft 100 ml. / 100g. (ja)
Butter Bio 1 TL / 3g. (wenig)
Reismehl 2 TL / 6g. (ja)
Sahne sauer 10% 1 TL / 3g. (weniger als angegeben)
Salz 1 Prise / 1g. (wenig)
Zucker Ursüße (Zuckerrohr) süß 1 Prise / 1g. (wenig)

Huhn Eigelb 1 Stück / 10g. (wenig)
Pfeffer Cayenne 1 Prise / 0,5g. (wenig)
Muskatnuss 1 Prise / 0,5g. (ja)
Petersilie 1 TL / 2g. (ja)
Lauchzwiebel Schnittlauch 1 TL / 3g. (wenig)
Parmesan 1 TL / 3g. (weniger als angegeben)
Butter Bio 1 TL / 3g. (wenig)

Kochanleitung:
Kartoffeln in der Schale kochen, abkühlen lassen und dann schälen.
Fenchel waschen, Stiele abschneiden und evtl. äußere Blätter
entfernen. Fenchelgrün zurückhalten und später mit den anderen
Kräutern zur Soße geben. Fenchelknollen ca. 15-20 Min. dünsten.
Danach Kartoffeln und Fenchel in Scheiben schneiden und
schichtweise in eine gefettete Auflaufform geben. Flüssigkeit aus
Fenchelbrühe zum Kochen bringen und mit Mehl binden. Mit Meersalz,
Cayennepfeffer, Zucker, Muskat und saurer Sahne abschmecken.
Abkühlen lassen und mit Eigelb legieren. Die Soße über den Auflauf
verteilen, mit Parmesan, fein gehackter Petersilie und Schnittlauch
bestreuen. Alles 30 Min. bei ca. 200 Grad im Backofen überbacken.

3.15 Gelbe Linsensuppe

Stärkt Milz, Herz und Nieren, harntreibend, beruhigt den Magen, fördert
Verdauung, stärkt Immunsystem, beugt Krebs vor, reduziert
Strahlenverletzungen, regt Leberfunktion an, antioxidativ.
Anzahl Portionen: 7
Kalorien p. Portion 155
Gramm p. Portion   324
Kochdauer ca.   20 min.
Allergene: A
(Kohlehydrat:73% / Eiweiß & Fett:27%)
100g.≈ Eiweiß 7,59g. Fett:1,91g.
µg. - Ph:0,84 Na:1,47 Ka:3,19 Mg:0,35 Ca:0,64 Fe:0,02 Zn:0,01 Col.:0 Hsr.:1,11

Zutaten:
Linsen gelb 1/2 Kg. / 500g. (wenig)
Karotte (Mohrrübe, Möhre) 2 Stück / 150g. (empfehlenswert)
Kohlrabi 1 Stück / 300g. (wenig)
Zwiebel weiss 1 Stück / 50g. (wenig)
Petersilie 1/2 Bund / 100g. (ja)
Kurkuma (Gelbwurz) 1 Prise / 1g. (empfehlenswert)
Kardamom 1 Prise / 1g. (empfehlenswert)
Salz 1 Prise / 1g. (wenig)
Olivenöl 1 EL / 10g. (wenig)

Wasser 1 Liter / 1000g. (ja)
Zitrone Saft 1/2 Stück / 15g. (wenig)
Weißbrot (Weizenbrot) 7 Scheiben / 140g. (ja)

Kochanleitung:
Linsen gründlich in einem Sieb waschen. In einem Topf Öl erhitzen, fein geschnittene Zwiebel, in Scheiben geschnittene Karotten, in Würfel geschnittenen Kohlrabi und Gewürze kurz darin anbraten und salzen. Linsen dazugeben und mit Wasser bedeckt 20 Min. köcheln lassen. Nach Bedarf mit Wasser ergänzen und mit Salz abschmecken. Mit frischer Petersilie oder frischem grünen Koriander bestreuen und mit Zitronensaft beträufeln. Hier kann man auch rote Linsen verwenden (gleiche Kochzeit). Mit Weißbrot servieren.

3.16 Gemüse-Miso-Suppe mit Tofu

Sehr kräftigend, stärkt nach fiebriger Erkrankung, senkt Blutdruck, stärkt Immunsystem, fördert Durchblutung, stärkt Magen, Leber und Nieren, entgiftet, stärkt Muskeln, lindert Blähungen.

Anzahl Portionen: 4
Kalorien p. Portion 107
Gramm p. Portion 247,75
Kochdauer ca. 15 Min.
Allergene: EN
(Kohlehydrat:22,33% / Eiweiß & Fett:77,67%)
100g.≈ Eiweiß 1,86g. Fett:9,4g.
µg. - Ph:3,93 Na:13,88 Ka:10,98 Mg:1,98 Ca:4,08 Fe:0,07 Zn:0,01 Col.:0 Hsr.:1,45

Zutaten:
Sesamöl 2 EL / 35g. (wenig)
Zwiebel Schalotte 1 Stück / 20g. (wenig)
Karotte (Mohrrübe, Möhre) 1 Stück / 70g. (empfehlenswert)
Lauch (Porree) 5 cm / 10g. (wenig)
Wasser 3/4 Liter / 750g. (ja)
Endiviensalat 2 EL / 30g. (ja)
Soja Tofu 2 EL / 30g. (ja)
Ingwer frisch 1/2 TL / 1g. (ja)
Miso 2 EL / 15g. (ja)

Kochanleitung:
In Sesamöl erst Zwiebeln, dann Karotten sowie den Lauch anbraten und mit Wasser aufgießen und leise köcheln lassen. Sojasprossen und Endivienblätter zugeben und ziehen lassen. Tofuwürfel und etwas Ingwer zugeben und zum Schluss in etwas abgekühltem Kochwasser gelöstes Miso einrühren.

3.17 Gemüsenudeln mit Tomatensugo

Schont die Verdauungsorgane, entgiftet. Gut bei Appetitlosigkeit, Blähungen, Darmentzündung, Fettsucht, Gicht, Magengeschwür, Magenkrämpfen, Rheuma, Sodbrennen, Zwölffingerdarmgeschwür. Fördert Verdauung, hilft Fett zu verdauen.

Anzahl Portionen: 2
Kalorien p. Portion 562
Gramm p. Portion 281,1
Kochdauer ca. 45 Min.
Allergene: ACG
(Kohlehydrat:69,56% / Eiweiß & Fett:30,44%)
100g.≈ Eiweiß 14,06g. Fett:21,69g.
µg. - Ph:42,24 Na:6,41 Ka:89,19 Mg:16,12 Ca:13,53 Fe:0,61 Zn:0,2 Col.:8,37 Hsr.:36,02

Zutaten:
Tomate 125 g. / 125g. (ja)
Karotte (Mohrrübe, Möhre) 1 Stück / 80g. (empfehlenswert)
Zucchini 1 Stück / 80g. (empfehlenswert)
Olivenöl 1 EL / 15g. (wenig)
Zwiebel Schalotte 1 Stück / 20g. (wenig)
Oregano getrocknet 1 Prise / 1g. (ja)
Salz 1 Prise / 1g. (wenig)
Pfeffer gemahlen 1 Prise / 0,2g. ()
Nudeln (Weizen) mit Ei 200 g. / 200g. (ja)
Olivenöl 1 EL / 10g. (wenig)
Creme fraîche 2 EL / 30g. (wenig)

Kochanleitung:
Tomaten in wenig Wasser kochen, beim Abgießen den Saft auffangen und die Tomaten in Stücke schneiden . Zucchini und Karotte grob raspeln. Olivenöl in einem beschichteten Topf erhitzen und Schalotten darin sehr weich dünsten. Tomaten zugeben, mit Oregano, Salz und Pfeffer würzen und zu einer dicken Soße einköcheln lassen. Reichlich Salzwasser zum Kochen bringen und die Nudeln darin bissfest kochen. In der Zwischenzeit das Olivenöl in einer beschichteten Pfanne erhitzen, die Karottenraspel darin unter Rühren anbraten und leicht salzen. Zucchiniraspel zugeben und ebenfalls unter Rühren kurz anbraten. Das Gemüse soll noch Biss haben. Nudeln abgießen, abtropfen lassen, mit Crème fraîche vermischen und abschmecken mit Salz und Pfeffer. Mit der Tomatensoße garnieren.

3.18 Gemüsetopf mit Tofu und Curry auf Naturreis

Harntreibend, senkt Blutzucker und Blutdruck, lindert Blähungen, unterstützt die Verdauung, enthält ideale pflanzliche Schleimstoffe, die zur Regeneration der Dünn- und Dickdarmflora wertvolle Dienste leisten, bakterizid, stärkt Immunsystem.

Anzahl Portionen: 6
Kalorien p. Portion 162
Gramm p. Portion 400,17
Kochdauer ca. 30 Min.
Allergene: E
(Kohlehydrat:56% / Eiweiß & Fett:44%)
100g.≈ Eiweiß 8,62g. Fett:6,02g.
µg. - Ph:1,42 Na:0,6 Ka:6,19 Mg:0,81 Ca:1,42 Fe:0,02 Zn:0,01 Col.:0 Hsr.:0,6

Zutaten:
Olivenöl 2 EL / 20g. (wenig)
Knoblauch 2 Zehen / 3g. (wenig)
Zwiebel weiss 1 Stück / 60g. (wenig)
Curry 2 EL / 16g. (ja)
Wasser 1/2 Liter / 500g. (ja)
Speiserüben 2 Stück / 50g. (ja)
Kürbis 1 Stück / 400g. (ja)
Karotte (Mohrrübe, Möhre) 1 Stück / 100g. (empfehlenswert)
Pastinake 1 Stück / 150g. (ja)
Kartoffel 1 Stück / 70g. (empfehlenswert)
Süßkartoffel 1 Stück / 70g. (empfehlenswert)
Blumenkohl (Karfiol) 1/4 Stück / 250g. (ja)
Brokkoli 1/2 Stück / 250g. (ja)
Okra 12 Stück / 200g. (ja)
Soja Tofu 1 Stück / 250g. (ja)
Basilikum 3 EL / 12g. (ja)
Salz 1 Prise / 0,5g. (wenig)

Kochanleitung:
In einer großen, schweren Kasserolle das Öl bei mittlerer Temperatur erhitzen, Knoblauch und Zwiebel dazugeben und unter ständigem Rühren anschwitzen. Mit Currypulver nach Geschmack würzen, etwa 5 Min. behutsam mitbraten und darauf achten, dass Knoblauch und Curry nicht anbrennen. Das Wasser zugießen und zum Kochen bringen. Nach und nach sämtliche Gemüse schälen, würfeln und hineingeben und dabei mit den Sorten beginnen, die die längste Garzeit benötigen. Sobald das Wasser erneut kocht, zudecken, die Wärmezufuhr drosseln und das Gemüse etwa 15 Min. köcheln lassen. Wenn es fast weich ist, Blumenkohl- und Brokkoliröschen sowie die Okra dazugeben und den

Eintopf weitere 10 bis 15 Min. garen. Während der letzten 5 Min. den Tofu hineingeben und erwärmen. Gleichzeitig den Naturreis kochen: In einem mittleren Kochtopf mit Wasser den Reis einstreuen, salzen und zugedeckt ca. 20 Min. auf kleiner Flamme kochen, vom Herd nehmen und weitere 10 Min. ziehen lassen. Den Eintopf auf dem Naturreis anrichten und mit Basilikum bestreuen.

3.19 Geriebener Apfel

3 x tgl. essen, wirkt stopfend, bindet Wasser im Darm.
Anzahl Portionen: 1
Kalorien p. Portion 120
Gramm p. Portion 200
Kochdauer ca.   10 Min.
(Kohlehydrat:94,21% / Eiweiß & Fett:5,79%)
100g.≈ Eiweiß 0,6g. Fett:0,8g.
µg. - Ph:11 Na:3 Ka:144 Mg:6 Ca:7 Fe:0,5 Zn:0,1 Col.:0 Hsr.:15

Zutaten:
Apfel (sauer) 1 Stück / 200g. (wenig)

Kochanleitung:
Apfel (sauer) schälen und möglichst fein reiben. Danach mindestens 5 Min. stehen lassen, bis er braun geworden ist.

3.20 Geröstete Hirse mit Pflaumenkompott

Harntreibend, stärkt Milz und Nieren, stärkt die Abwehr, gut bei Pilzinfektionen.
Anzahl Portionen: 4
Kalorien p. Portion 139
Gramm p. Portion 218,25
Kochdauer ca.   30 Min.
(Kohlehydrat:85% / Eiweiß & Fett:15%)
100g.≈ Eiweiß 3,57g. Fett:1,24g.
µg. - Ph:2,99 Na:0,1 Ka:4,37 Mg:1,68 Ca:0,78 Fe:0,09 Zn:0,03 Col.:0 Hsr.:0,93

Zutaten:
Hirse 1 Tasse / 120g. (ja)
Wasser 2 Tassen / 250g. (ja)
Pflaume 2 Tassen / 250g. (wenig)
Vanilleschote 1 Prise / 1g. (ja)
Wasser 250 g. / 250g. (ja)
Zimtpulver 1 Prise / 1g. (ja)
Acerola Fruchtnektar oder Pulver 1/2 TL / 1g. (wenig)

Kochanleitung:
Hirse kurz anrösten, mit Wasser übergießen, kurz aufkochen und 20 Min. quellen lassen. Pflaumen mit Wasser, Vanille und Zimt 10 Min. kochen und abseihen. Acerola dazugeben und zu der Hirse reichen.

3.21 Geröstete Hirse mit Stangensellerie

Stärkt Milz und Nieren, harntreibend, stoffwechselfördernd.
Anzahl Portionen: 2
Kalorien p. Portion 400
Gramm p. Portion 228
Kochdauer ca. 30 min
Allergene: L
(Kohlehydrat:82,09% / Eiweiß & Fett:17,91%)
100g.≈ Eiweiß 7g. Fett:2,59g.
µg. - Ph:44,42 Na:8,59 Ka:31,27 Mg:23,88 Ca:11,01 Fe:1,24 Zn:0,24 Col.:0 Hsr.:12,62

Zutaten:
Hirse 1 Tasse / 120g. (ja)
Wasser 2 Tassen / 240g. (ja)
Sellerie Stangensellerie 2 Stangen / 50g. (ja)
Kräuter verschiedene 1 EL / 10g. (ja)
Wasser 2 EL / 30g. (ja)
Salz 1 Prise / 1g. (wenig)
Salbei 3-4 Blätter / 2g. (ja)
Kresse 1 TL / 3g. (ja)

Kochanleitung:
Hirse kurz anrösten, mit Wasser übergießen, kurz aufkochen und 20 Min. quellen lassen. Stangensellerie klein schneiden, mit Wasser, Salz und frischen Kräutern 10 Min. kochen und zu der Hirse geben. Frischen Salbei oder Kresse kleingehackt darüberstreuen.

3.22 Gerstenbratlinge

Verbessert Verdauung, senkt Cholesterinspiegel. Gut bei Durchfall, Geschwüren, Gliederschmerzen und Magenproblemen. Stärkt Milz, Leber und Immunsystem, senkt Blutdruck, bakterizid, beugt Krebs vor, reduziert Strahlenverletzungen.
Anzahl Portionen: 3
Kalorien p. Portion 398
Gramm p. Portion 292,67
Kochdauer ca. 1 1/2 Stunden
Allergene: ACN
(Kohlehydrat:63% / Eiweiß & Fett:37%)
100g.≈ Eiweiß 8,38g. Fett:19,69g.
µg. - Ph:7,07 Na:4,18 Ka:17,24 Mg:2,02 Ca:2,5 Fe:0,08 Zn:0,04 Col.:2,76 Hsr.:2,93

Zutaten:
Wasser 2 Tassen / 250g. (ja)
Gerstengrütze 1 Tasse / 120g. (ja)
Kartoffel 1 Stück / 140g. (empfehlenswert)
Karotte (Mohrrübe, Möhre) 1 Stück / 120g. (empfehlenswert)
Champignon 2-3 Stück / 25g. (ja)
Huhn Ei 1 Stück / 55g. (wenig)
Zwiebel weiss 1 Stück / 50g. (wenig)
Ingwer frisch 1/2 TL / 1g. (ja)
Pfeffer gemahlen 1 Prise / 0,5g. ()
Salz 1 Prise / 1g. (wenig)
Zitrone 1/2 Stück / 15g. (wenig)
Petersilie 2 EL / 15g. (ja)
Paprika (Rosenpaprikapulver) 1 Prise / 1g. (wenig)
Sesamöl 2-3 EL / 50g. (wenig)
Brötchen (Semmel) 1 Stück / 35g. (ja)

Kochanleitung:
Vorbereitung: 2 große Tassen heißes Wasser in einen Topf geben, 1
große Tasse Thermo-Gerstengrütze dazugeben und 2 Min. unter
Rühren köcheln lassen. Dann 20 Min. auf der ausgeschalteten
Herdplatte quellen lassen, herunternehmen und abkühlen lassen. Eine
große Kartoffel kleinschneiden und in Wasser kochen. Brötchen in
heißem Wasser einweichen und dann gut ausdrücken. Danach die
Gerstengrütze, die zerdrückte Kartoffel und das Brötchen vermengen
und folgendes zufügen: 1 geraspelte Karotte, 2-3 kleingehackte
Champignons, 1 Ei, 1 fein gehackte Zwiebel, ½ TL geriebenen Ingwer,
je eine Prise Salz und Pfeffer, etwas Zitronensaft, gehackte Petersilie
und reichlich Rosenpaprika. Alles gut durchkneten und Bratlinge
formen. In einer heißen Pfanne Sesamöl erhitzen und die Bratlinge
etwa 15 Min. bei schwacher Hitze ausbacken. Nach der Hälfte der Zeit
wenden. Dazu passt: Blattsalat, Sojasprossengemüse.

3.23 Gerstenbrei mit Beeren

Harntreibend, stärkt Magen, befeuchtet Darm und Haut, entspannt, stillt Husten, führt leicht ab, stärkt Nieren, fördert Verdauung, entgiftet, treibt Schweiß, reduziert Blutfett, regt an, löst Stagnation.

Anzahl Portionen: 5
Kalorien p. Portion 113
Gramm p. Portion 318,6
Kochdauer ca. 2 Stunden
Allergene: A
(Kohlehydrat:82,48% / Eiweiß & Fett:17,52%)
100g.≈ Eiweiß 4,02g. Fett:0,78g.
µg. - Ph:7,36 Na:0,55 Ka:13,46 Mg:3,14 Ca:2,78 Fe:0,08 Zn:0,01 Col.:0 Hsr.:2,4

Zutaten:
Wasser 10 Tassen / 1200g. (ja)
Gerste 1 Tasse / 120g. (ja)
Ingwer frisch 2 Scheiben / 2g. (ja)
Kardamom 3 Kapseln / 1g. (empfehlenswert)
Salz 1 Prise / 1g. (wenig)
Himbeere 250 g. / 250g. (ja)
Kakao 1 Prise / 1g. (wenig)
Gerstenmalz 1 EL / 15g. (ja)
Zitronenmelisse (frisch) 2-4 Blätter / 3g. (ja)

Kochanleitung:
Gerste mit Wasser, Ingwer und Kardamomkapseln in einem großen Topf aufkochen. Mit einem Deckel fest verschließen und auf kleiner Stufe etwa 2 Std. lang kochen. Für 2 Portionen vom gekochten Gerstenbrei etwa 2 Schöpflöffel in eine Schüssel geben. Mit Sonnenblumenkernen, Malz, Kakaopulver und einer Prise Salz verrühren. Frische Beeren in den Brei rühren und mit frischer Minze oder Melisse bestreut servieren. Tipp: Der vorgekochte Gerstenbrei (ohne Früchte) kann gut im Kühlschrank aufbewahrt und sowohl für süße als auch für pikante Gerichte verwendet werden, z.B. mit gedünstetem Gemüse oder mit Kompott aus Früchten der Saison.

3.24 Gerstenbrei mit Pflaumen

Stärkt Milz und Magen, kühlt Blase, harntreibend, befeuchtet Darm, entspannt, reduziert innere Hitze, produziert Körpersäfte, befeuchtet Lunge, reduziert innere Trockenheit.

Anzahl Portionen: 5
Kalorien p. Portion 106
Gramm p. Portion 289,6
Kochdauer ca. 25 Min.
Allergene: AG
(Kohlehydrat:81% / Eiweiß & Fett:19%)
100g.≈ Eiweiß 3,15g. Fett:1,57g.
µg. - Ph:1,2 Na:0,1 Ka:2,2 Mg:0,44 Ca:0,34 Fe:0,01 Zn:0,01 Col.:0,04 Hsr.:0,42

Zutaten:
Wasser 10 Tassen / 1200g. (ja)
Gerste 1 Tasse / 120g. (ja)
Pflaume 1 Tasse / 120g. (wenig)
Butter Bio 2 TL / 6g. (wenig)
Zucker Ursüße (Zuckerrohr) süß 1/2 TL / 2g. (wenig)

Kochanleitung:
Die Gerste zu grobem Schrot mahlen und trocken anrösten. Heißes Wasser aufgießen und bei wenig Hitze zu einem Brei quellen lassen. Am Ende Pflaumen, etwas Butter und Süßmittel zugeben. Variante: Wenn es morgens schnell gehen soll, kann man an Stelle von Schrot Gerstenflocken verwenden.

3.25 Gersten-Gemüse-Suppe

Nährt Blut, harntreibend, entgiftet, stärkt Milz und Leber, senkt Blutdruck, bakterizid, stärkt Immunsystem, beugt Krebs vor, reduziert Strahlenverletzungen, fördert Verdauung, hilft Fett zu verdauen, harmonisiert Stoffwechsel.

Anzahl Portionen: 3
Kalorien p. Portion 281
Gramm p. Portion 304
Kochdauer ca. 2 Stunden
Allergene: AGL
(Kohlehydrat:73% / Eiweiß & Fett:27%)
100g.≈ Eiweiß 11,93g. Fett:5,74g.
µg. - Ph:9,75 Na:1,36 Ka:21,85 Mg:3,27 Ca:3,09 Fe:0,14 Zn:0,08 Col.:0,09 Hsr.:9,52

Zutaten:
Gerste 1 Tasse / 120g. (ja)
Shiitake, getrocknet 4 g. / 4g. (wenig)
Zwiebel Schalotte 1 Stück / 20g. (wenig)
Cumin (Kreuzkümmel) 1 Messerspitze / 0,5g. (ja)
Sonnenblumenöl 1 EL / 10g. (wenig)
Wasser 300 ml / 250g. (ja)
Sellerie Stangensellerie 2 Äste / 20g. (ja)
Erbse, grün 250 g. / 250g. (wenig)
Tomate 1 Stück / 50g. (ja)
Karotte (Mohrrübe, Möhre) 2 Stück / 150g. (empfehlenswert)
Stangenbohnen (Fisolen) 1 Handvoll / 30g. (wenig)
Salz 1 Prise / 1g. (wenig)
Pfeffer gemahlen 1 Prise / 0,5g. ()
Petersilie 1 TL / 3g. (ja)
Butter Bio 1 TL / 3g. (wenig)

Kochanleitung:
Gerste am Abend einweichen. Am nächsten Tag die Pilze separat
einweichen. Zwiebel und Cumin in Öl bräunen, dann mit Wasser
aufkochen. Das kleingeschnittene Gemüse, etwas Salz, die Gerste und
die Shiitakepilze hinzufügen und alles zu einer dicken Suppe weich
kochen. Am Ende mit Pfeffer, Petersilie und etwas Butter
abschmecken.

3.26 Gerstenschrotsuppe

Harntreibend, stärkt Magen, befeuchtet Darm, regt Leberfunktion an,
antioxidativ, fördert Verdauung, entgiftet, reduziert Blutfett, regt an, löst
Stagnation.

Anzahl Portionen: 2
Kalorien p. Portion 265
Gramm p. Portion 201
Kochdauer ca. 25 Min.
Allergene: A
(Kohlehydrat:75,62% / Eiweiß & Fett:24,38%)
100g.≈ Eiweiß 8,17g. Fett:6,42g.
µg. - Ph:56,06 Na:4,73 Ka:103,77 Mg:19,04 Ca:16,65 Fe:0,63 Zn:0,22 Col.:0,01
Hsr.:17,61

Zutaten:
Gerste 1 Tasse / 120g. (ja)
Salz 1 Prise / 1g. (wenig)
Ingwer frisch 1/2 TL / 1g. (ja)
Olivenöl 1 EL / 10g. (wenig)

Petersilie 3 EL / 30g. (ja)
Wasser 2 Tassen / 240g. (ja)

Kochanleitung:
Gerste in der Pfanne trocken rösten, anschließend zu Schrot mahlen
und mit Wasser, etwas Salz und Ingwer zu einem Brei kochen. Vor dem
Servieren Öl und Petersilie unterheben. Variante: Man kann dem
Gericht einen noch besseren Geschmack verleihen, indem man es mit
vorbereiteter Gemüse- oder Fleischbrühe kocht.

3.27 Getreidekaffee mit Kardamom

Harntreibend, stärkt Magen, befeuchtet Darm, befeuchtet die Haut,
entspannt, vermindert Fettgewebe.
Anzahl Portionen: 1
Kalorien p. Portion 4
Gramm p. Portion 136
Kochdauer ca. 5 Min.
(Kohlehydrat:98,58% / Eiweiß & Fett:1,42%)
100g.≈ Eiweiß 0,12g. Fett:0,08g.
µg. - Ph:1,29 Na:1,02 Ka:7,9 Mg:2,49 Ca:5,37 Fe:0,08 Zn:0,09 Col.:0 Hsr.:0

Zutaten:
Getreidekaffee 1 EL / 15g. (ja)
Kardamom 2 Kerne / 1g. (empfehlenswert)
Wasser 1 Tasse / 120g. (ja)

Kochanleitung:
Wasser, Kaffee, Zucker und Kardamom aufkochen und setzen lassen.

3.28 Grießklößchensuppe

Senkt Blutdruck, bakterizid, stärkt Immunsystem, beugt Krebs vor,
reduziert Strahlenverletzungen, löst Stagnation, fördert
Gewichtsabnahme. Gut bei Abwehrschwäche, Appetitlosigkeit,
Blähungen, Bluthochdruck, Depressionen, Diabetes, Durchfall.
Anzahl Portionen: 3
Kalorien p. Portion 287
Gramm p. Portion 235,67
Kochdauer ca. 60 Min.
Allergene: ACGLO
(Kohlehydrat:74% / Eiweiß & Fett:26%)
100g.≈ Eiweiß 12,68g. Fett:16,24g.
µg. - Ph:7,29 Na:3,79 Ka:6,29 Mg:7,72 Ca:17,64 Fe:0,11 Zn:0,11 Col.:5,65 Hsr.:2,66

Zutaten:
Butter Bio 40 g. / 40g. (wenig)
Huhn Ei 1 Stück / 65g. (wenig)
Salz 1 Prise / 1g. (wenig)
Pfeffer gemahlen 1 Prise / 0,5g. ()
Muskatnuss 1 Prise / 1g. (ja)
Weizen Gries 80 g. / 80g. (ja)
Grundrezept für eine Rinderbrühe wärmend 1/2 Liter / 500g. (wenig)
Petersilie 1 EL / 10g. (ja)
Lauchzwiebel Schnittlauch 1 EL / 10g. (wenig)

Kochanleitung:
Die Zutaten für die Grießklößchen zu einem festen Teig kneten und 30
Min. quellen lassen. Die Brühe erhitzen. Dann mit einem Löffel
Klößchen ausstechen, in die Brühe geben und ca. 20 Min. ziehen
lassen. Vor dem Servieren gehackte Petersilie und in feine Röllchen
geschnittenen Schnittlauch einstreuen.

3.29 Grießsuppe mit Gemüse

Senkt Blutdruck, stärkt Immunsystem, beugt Krebs vor, stärkt Magen,
löst Stagnation, fördert Gewichtsabnahme. Gut bei Abwehrschwäche,
Appetitlosigkeit, Blähungen, Bluthochdruck, Depressionen, Diabetes,
Durchfall, Rheuma, Sodbrennen, Zwölffingerdarmgeschwür.
Anzahl Portionen: 3
Kalorien p. Portion 106
Gramm p. Portion 237,7
Kochdauer ca. 20 Min.
Allergene: AGL
(Kohlehydrat:85,32% / Eiweiß & Fett:14,68%)
100g.≈ Eiweiß 2,38g. Fett:4,25g.
µg. - Ph:8,65 Na:9,11 Ka:25,61 Mg:28,49 Ca:112,45 Fe:0,33 Zn:0,03 Col.:0 Hsr.:5,1

Zutaten:
Grundrezept für eine Gemüsebrühe nahrhaft 1/2 Liter / 500g. (ja)
Weizen Gries 2 EL / 20g. (ja)
Liebstöckel 1/2 TL / 2g. (ja)
Basilikum (frisch) 1/2 TL / 1g. (ja)
Muskatnuss 1 Prise / 0,1g. (ja)
Karotte (Mohrrübe, Möhre) 100 g. / 100g. (empfehlenswert)
Sellerie Knolle 50 g. / 50g. (ja)
Sahne, süß 30% 3 EL / 30g. (weniger als angegeben)
Petersilie 1 EL / 10g. (ja)

Kochanleitung:
Grieß ohne Fett in einer Pfanne anrösten. Kleingeschnittene Karotten und Sellerie kurz mitrösten. Mit der Gemüsesuppe aufgießen, mit Liebstöckel und Muskatnuss würzen und 10 Min. köcheln lassen. Vor dem Servieren die Sahne einrühren und mit Petersilie garnieren.

3.30 Grundrezept für eine Hühnerbrühe (wärmend)

Stärkt Blut, baut Milz und Magen auf, stärkt Knochenmark, senkt Blutdruck, bakterizid, stärkt Immunsystem, beugt Krebs vor, reduziert Strahlenverletzungen, fördert Schwitzen, löst Stagnation. Gut bei Appetitlosigkeit und Blähungen.

Anzahl Portionen: 9
Kalorien p. Portion 90
Gramm p. Portion 244,89
Kochdauer ca. 2-3 Stunden
Allergene: L
(Kohlehydrat:10,44% / Eiweiß & Fett:89,56%)
100g.≈ Eiweiß 15,69g. Fett:11,57g.
µg. - Ph:7,72 Na:5,27 Ka:16,86 Mg:1,2 Ca:3,41 Fe:0,1 Zn:0 Col.:0,25 Hsr.:8,27

Zutaten:
Huhn Fleisch 1/2 Stück / 600g. (wenig)
Karotte (Mohrrübe, Möhre) 2 Stück / 150g. (empfehlenswert)
Lauch (Porree) 1 Stange / 45g. (wenig)
Sellerie Knolle 1 Stück / 500g. (ja)
Ingwer frisch 2 Scheiben / 2g. (ja)
Bockshornklee 1 TL / 2g. (ja)
Wacholderbeere 1 TL / 3g. (ja)
Lorbeerblatt 3 Stück / 2g. (ja)
Wasser 1 Liter / 900g. (ja)

Kochanleitung:
Hühnerteile von Fett befreien, in einen Topf mit heißem Wasser geben, kurz aufkochen lassen und entstehenden Schaum abschöpfen. Grob geschnittenes Gemüse und alle Gewürze zugeben und 2-3 Std. bei mittlerer Hitze kochen, dann alles abseihen. Tipp: Wenn Sie das Fleisch als Suppeneinlage verwenden möchten, bereits nach 45 Min. herausnehmen und nur die Knochen in der Suppe lassen.

3.31 Grundrezept für eine nahrhafte Gemüsebrühe

Senkt Blutdruck und Blutfett, bakterizid, stärkt Immunsystem, beugt Krebs vor, stärkt Magen, löst Stagnation, fördert Gewichtsabnahme, hilft bei Appetitlosigkeit, Blähungen, Bluthochdruck, Depressionen, Diabetes, Durchfall.

Anzahl Portionen: 5
Kalorien p. Portion   48
Gramm p. Portion   240,6
Kochdauer ca.   2-3 Stunden
Allergene: L
(Kohlehydrat:71,3% / Eiweiß & Fett:28,7%)
100g.≈ Eiweiß 1,57g. Fett:1,31g.
µg. - Ph:4,86 Na:3,67 Ka:25,68 Mg:1,8 Ca:6,32 Fe:0,1 Zn:0,01 Col.:0 Hsr.:2,78

Zutaten:
Olivenöl 1 EL / 4g. (wenig)
Zwiebel weiss 1 Stück / 60g. (wenig)
Karotte (Mohrrübe, Möhre) 3 Stück / 200g. (empfehlenswert)
Pastinake 150 g. / 150g. (ja)
Sellerie Knolle 1 Tasse / 100g. (ja)
Ingwer frisch 1/2 TL / 2g. (ja)
Zitrone 1/2 Stück / 25g. (wenig)
Wacholderbeere 6 Stück / 6g. (ja)
Thymian getrocknet 1 Prise / 1g. (ja)
Liebstöckel 1 EL / 3g. (ja)
Lorbeerblatt 2 Blätter / 1g. (ja)
Salz 1 Prise / 1g. (wenig)
Wasser 3/4 Liter / 650g. (ja)

Kochanleitung:
Gemüse würfelig schneiden. Öl in einem Topf erhitzen, die Zwiebel und das Gemüse darin anbraten, Ingwer und Lorbeer zugeben. Mit kaltem Wasser aufgießen, Zitronensaft zufügen und mit Wacholder, Thymian und Liebstöckel würzen. 2-3 Std. auf kleiner Stufe zugedeckt köcheln lassen. Brühe durch ein Sieb streichen und im Kühlschrank aufbewahren. Sie dient als Suppengrundlage und verfeinert Gemüse, Hülsenfrüchte oder Getreide.

3.32 Grundrezept für eine Reissuppe (Congee)

Niedriger Fettgehalt, zur Entwässerung des Körpers bei Übergewicht und Bluthochdruck.
Anzahl Portionen: 3
Kalorien p. Portion 140
Gramm p. Portion 273,33
Kochdauer ca. 2-4 Stunden
(Kohlehydrat:89,71% / Eiweiß & Fett:10,29%)
100g.≈ Eiweiß 2,96g. Fett:0,48g.
µg. - Ph:5,85 Na:0,58 Ka:5,02 Mg:3,41 Ca:1,72 Fe:0,03 Zn:0,02 Col.:0 Hsr.:6,34

Zutaten:
Reis Sorte beliebig 1 Tasse / 120g. (ja)
Wasser 6 Tassen / 700g. (ja)

Kochanleitung:
Man kocht Reis und Wasser in einem Verhältnis von etwa 1:6. Die Menge des Wassers bestimmt die Dicke des Breis (reine Geschmackssache). Der Reis quillt unwahrscheinlich auf, nehmen Sie also nicht viel. Geben Sie den Reis in einen Topf mit einem schweren Deckel. Wichtig ist, den Reis nach kurzem Aufkochen nur auf kleinster Stufe köcheln zu lassen, da er sonst anbrennt. Kochen Sie den Reis 2-4 Stunden. Je länger er kocht, desto stärkender wirkt er. Wenn Sie das Gericht zum Frühstück essen möchten, können Sie den Reis auch kurz vor dem Zubettgehen aufsetzen. Sicherheitshalber sollten Sie vorher einmal unter Beobachtung für eine ähnlich lange Zeit das Verhalten Ihres Topfes und Herdes prüfen, damit nichts anbrennt.

3.33 Grundrezept für eine Rinderbrühe (klar)

Stärkt Muskeln, Sehnen und Knochen, senkt Blutdruck, bakterizid, stärkt Immunsystem, beugt Krebs vor, reduziert Strahlenverletzungen, regt Verdauung an, reduziert Schmerzen, fördert Verdauung. Harntreibend, stillt Blutung. Rosmarin fördert Verdauung.
Anzahl Portionen: 10
Kalorien p. Portion 114
Gramm p. Portion 276
Kochdauer ca. 4-8 Stunden
Allergene: O
(Kohlehydrat:22,24% / Eiweiß & Fett:77,76%)
100g.≈ Eiweiß 12,22g. Fett:4,1g.
µg. - Ph:5,14 Na:3,08 Ka:13,39 Mg:1,06 Ca:2,52 Fe:0,09 Zn:0,01 Col.:0,14 Hsr.:3,57

Zutaten:
Rind Suppenfleisch 500 g. / 500g. (ja)
Rind Fleischknochen 200 g. / 200g. (wenig)
Essig (Rotweinessig) 1 Schuss / 3g. (wenig)
Wacholderbeere 8 Stück / 6g. (ja)
Rosmarin 1 Prise / 1g. (ja)
Karotte (Mohrrübe, Möhre) 3 Stück / 210g. (empfehlenswert)
Pastinake 2 Stück / 300g. (ja)
Lauch (Porree) 1 Stück / 200g. (wenig)
Ingwer frisch 1/2 TL / 5g. (ja)
Liebstöckel 1 Stiel / 15g. (ja)
Nelke 2 Stück / 2g. (ja)
Piment 6 Stück / 12g. (ja)
Anis (gemeiner Fenchel) 2 Stück / 1g. (ja)
Salz 1 TL / 5g. (wenig)
Wasser 1 1/2 Liter / 1300g. (ja)

Kochanleitung:
Rotweinessig, Wacholderbeeren, Rosmarin, Knochen und Fleisch in
Wasser zum Kochen bringen. Karotten, Pastinaken, Lauch, Ingwer,
Liebstöckelgrün, Nelken, Piment, Sternanis und etwas Salz zufügen
und alles 4-8 Std. köcheln und dann abseihen. Brühe im Kühlschrank
aufbewahren.

3.34 Hafer-Congee

Stärkt Abwehrkraft, unterstützt Wehen.
Anzahl Portionen: 3
Kalorien p. Portion 162
Gramm p. Portion   275
Kochdauer ca.   2-4 Stunden
Allergene: A
(Kohlehydrat:73,58% / Eiweiß & Fett:26,42%)
100g.≈ Eiweiß 7,04g. Fett:2,88g.
µg. - Ph:17,27 Na:0,69 Ka:17,93 Mg:6,8 Ca:5,45 Fe:0,3 Zn:0,09 Col.:0 Hsr.:7,53

Zutaten:
Hafer 1 Tasse / 125g. (ja)
Wasser 6 Tassen / 700g. (ja)

Kochanleitung:
Hafer und Wasser in einem Verhältnis von etwa 1:6 kochen. Die Menge
des Wassers bestimmt die Dicke des Breis (reine Geschmackssache).
Der Hafer quillt auf, nehmen Sie also nicht zu viel. Geben Sie den Hafer
in einen Topf mit guter Isolierung und schwerem Deckel. Wichtig ist,

den Hafer nach kurzem Aufkochen nur noch auf kleinster Flamme köcheln zu lassen, da er sonst anbrennt. Kochen Sie den Hafer 2-4 Stunden. Je länger er gekocht hat, desto stärkender wirkt er.

3.35 Haferflockensuppe mit Frühlingszwiebeln

Senkt Blutdruck, ist bakterizid, stärkt Immunsystem, beugt Krebs vor, reduziert Strahlenverletzungen, regt Verdauung an, reduziert Schmerzen, fördert Appetit, löst Stagnation.

Anzahl Portionen: 3
Kalorien p. Portion 135
Gramm p. Portion 266,33
Kochdauer ca. 30 min.
Allergene: AG
(Kohlehydrat:64,93% / Eiweiß & Fett:35,07%)
100g.≈ Eiweiß 3,87g. Fett:5,6g.
µg. - Ph:11,02 Na:3,09 Ka:23,66 Mg:4,24 Ca:7,66 Fe:0,29 Zn:0,05 Col.:0,5 Hsr.:4,9

Zutaten:
Hafer 6 EL / 48g. (ja)
Karotte (Mohrrübe, Möhre) 2 Stück / 200g. (empfehlenswert)
Butter Bio 1 EL / 15g. (wenig)
Muskatnuss 1 Prise / 1g. (ja)
Liebstöckel 1 Stiel / 15g. (ja)
Zwiebel Frühlingszwiebel 2 Stück / 40g. (wenig)
Wasser 1/2 Liter / 480g. (ja)

Kochanleitung:
Haferflocken in Butter anrösten, Salz und Gewürze zugeben, mit Wasser aufgießen und aufkochen lassen. Nach 10 Min. die geriebenen Karotten und den Liebstöckel zufügen und weitere 10 Min. kochen. Zwiebeln fein schneiden und dazugeben.

3.36 Herzhafter Polentabrei

Stärkt Milz und Magen, harntreibend, fördert Verdauung, entgiftet, treibt Schweiß, reduziert Blutfett, regt an, löst Stagnation, fördert Appetit.

Anzahl Portionen: 2
Kalorien p. Portion 262
Gramm p. Portion 207,5
Kochdauer ca. 10 Min.
(Kohlehydrat:80% / Eiweiß & Fett:20%)
100g.≈ Eiweiß 5,65g. Fett:5,94g.
µg. - Ph:6,71 Na:0,73 Ka:11,2 Mg:2,2 Ca:2,17 Fe:0,09 Zn:0,05 Col.:0 Hsr.:2,46

Zutaten:
Mais Gries (Polenta) 1 Tasse / 120g. (ja)
Zwiebel Frühlingszwiebel 2 Stück / 40g. (wenig)
Ingwer frisch 1/2 TL / 2g. (ja)
Muskatnuss 1 Prise / 1g. (ja)
Salz 1 Prise / 1g. (wenig)
Olivenöl 1 EL / 10g. (wenig)
Kurkuma (Gelbwurz) 1 Prise / 1g. (empfehlenswert)
Wasser 2 Tassen / 240g. (ja)

Kochanleitung:
Polenta in kochendes Wasser einrühren und quellen lassen.
Frühlingszwiebel, geriebenen Ingwer, Kurkuma, Muskat, Salz und
Olivenöl zugeben und weiter ziehen lassen.

3.37 Hühnersuppe mit Eigelb und Petersilie

Stärkt Blut, Knochenmark, Immunsystem und Sehkraft, baut Milz und
Magen auf, senkt Blutdruck, bakterizid, harmonisiert Leber und Milz,
entgiftet. Petersilie regt Leberfunktion an.
Anzahl Portionen: 2
Kalorien p. Portion 118
Gramm p. Portion   260
Kochdauer ca.   10 Min.
Allergene: CL
(Kohlehydrat:82,37% / Eiweiß & Fett:17,63%)
100g.≈ Eiweiß 16,35g. Fett:2,49g.
µg. - Ph:13,95 Na:17,66 Ka:18 Mg:49,59 Ca:138,8 Fe:0,55 Zn:0,05 Col.:6,53 Hsr.:4,43

Zutaten:
Grundrezept für eine Hühnerbrühe wärmend 1/2 Liter / 500g. (ja)
Huhn Eigelb 1 Stück / 10g. (wenig)
Petersilie 1 EL / 10g. (ja)

Kochanleitung:
Brühe erhitzen und das Eigelb darin verquirlen. Die gehackte Petersilie
drüberstreuen und ca. 2 Min. ziehen lassen und dann in kleinen
Schlucken trinken.

3.38 Kardamomwasser

Nährt Knochen und Sehnen, wärmt Nieren und Milz, stärkt Magen, löst Blähungen, kontrolliert übermäßigen Harndrang, hilft bei Verdauungsschwäche.

Anzahl Portionen: 4
Kalorien p. Portion 16
Gramm p. Portion 254,5
Kochdauer ca. 20 min.
(Kohlehydrat:76,79% / Eiweiß & Fett:23,21%)
100g.≈ Eiweiß 0,52g. Fett:0,31g.
µg. - Ph:0,77 Na:0,33 Ka:4,75 Mg:1,21 Ca:1,8 Fe:0,05 Zn:0,01 Col.:0 Hsr.:0

Zutaten:
Kardamom 2 EL / 18g. (empfehlenswert)
Wasser 1 Liter / 1000g. (ja)

Kochanleitung:
Kardamomkapseln in einem Mörser fein zerstoßen. Mit 1 l Wasser aufkochen und 10 Min. bei mittlerer Hitze leise köcheln lassen. Kardamomwasser durch ein Sieb in Gläser füllen und heiß servieren.

3.39 Karotten- Reisschleimsuppe

Gegen Durchfall, bei Fieber, bakterizid, stärkt Immunsystem, senkt Blutdruck.

Anzahl Portionen: 1
Kalorien p. Portion 101
Gramm p. Portion 224
Kochdauer ca. 10 Min.
(Kohlehydrat:96% / Eiweiß & Fett:4%)
100g.≈ Eiweiß 2,37g. Fett:0,4g.
µg. - Ph:27,48 Na:20,34 Ka:65,63 Mg:170,89 Ca:178,57 Fe:1,03 Zn:0,34 Col.:0 Hsr.:12,3

Zutaten:
Grundrezept für eine Reissuppe (Congee) 1 Tasse / 120g. (ja)
Karotte (Mohrrübe, Möhre) 2 Stück / 100g. (empfehlenswert)
Salz 1 TL / 4g. (wenig)

Kochanleitung:
Karotten schälen und reiben. Die Reissuppe aufkochen und die geriebenen Karotten sowie Salz zufügen. 10 Min. kochen.

3.40 Karottenrohkost

Stärkt Milz und Leber, senkt Blutdruck, bakterizid, stärkt Immunsystem, beugt Krebs vor, reduziert Strahlenverletzungen, stoppt Durchfall, fördert Verdauung, Appetit anregend, harmonisiert Magen.
Anzahl Portionen: 1
Kalorien p. Portion 74
Gramm p. Portion 154
Kochdauer ca. 10 Min.
(Kohlehydrat:91% / Eiweiß & Fett:9%)
100g.≈ Eiweiß 1,21g. Fett:0,41g.
µg. - Ph:26,57 Na:19,84 Ka:140,47 Mg:10,21 Ca:29,74 Fe:1,4 Zn:0,36 Col.:0 Hsr.:18,25

Zutaten:
Karotte (Mohrrübe, Möhre) 100 g. / 100g. (empfehlenswert)
Apfel (süß) 1 Stück / 50g. (wenig)
Zitrone Saft 2 TL / 3g. (wenig)
Zuckerersatz (Süßstoff) 1 g. / 1g. (wenig)

Kochanleitung:
Zitronensaft mit Süßstoff verrühren. Die gewaschenen, dünn geschälten Karotten und das Apfelstück in die Soße raspeln und untermischen.

3.41 Kartoffel-Basilikumsuppe

Lindert Entzündungen, fördert Verdauung, harntreibend, senkt Cholesterinspiegel und Blutdruck, bakterizid, stärkt Immunsystem, beugt Krebs vor, reduziert Strahlenverletzungen, antioxidativ, löst Stagnation.
Anzahl Portionen: 4
Kalorien p. Portion 96
Gramm p. Portion 330,12
Kochdauer ca. 25 min.
Allergene: L
(Kohlehydrat:68,68% / Eiweiß & Fett:31,32%)
100g.≈ Eiweiß 3,24g. Fett:2,99g.
µg. - Ph:7,65 Na:13,39 Ka:52,12 Mg:2,43 Ca:11,65 Fe:0,11 Zn:0,01 Col.:0 Hsr.:7,59

Zutaten:
Wasser 500 ml / 450g. (ja)
Kartoffel 4 Stück / 200g. (empfehlenswert)
Karotte (Mohrrübe, Möhre) 2 Stück / 100g. (empfehlenswert)
Sellerie Knolle 1 Stück / 500g. (ja)
Pfeffer gemahlen 1 Prise / 0,5g. ()
Kümmel 1 Prise / 1g. (ja)
Knoblauch 1 Zehe / 3g. (wenig)
Salz 1 Prise / 1g. (wenig)

Zitrone 1 TL / 3g. (wenig)
Basilikum (frisch) 1 Bund / 50g. (ja)
Paprika (Rosenpaprikapulver) 1 Prise / 1g. (wenig)
Zucker Ursüße (Zuckerrohr) süß 1 Prise / 1g. (wenig)
Olivenöl 1 EL / 10g. (wenig)

Kochanleitung:
4 mittelgroße Kartoffeln, 2 mittelgroße Karotten und 1 Stück
Knollensellerie geschält und kleingeschnitten in heißes Wasser geben
und zusammen mit einer Prise Pfeffer und Salz, einer Prise
gemahlenem Kümmel, einer kleinen zerdrückten Knoblauchzehe und 1
TL Zitronensaft köcheln, bis das Gemüse weich ist. Von 1 Bund
Basilikum (fein gehackt) eine Hälfte in die Suppe geben und alles
pürieren. Die andere Hälfte anschließend unterrühren und mit
Rosenpaprika, einer Prise Vollrohrzucker, 1 EL Olivenöl oder Butter,
frisch gemahlenem Pfeffer und Salz abschmecken.

3.42 Kartoffel-Gnocchi mit Gemüse und Basilikumsoße

Stärkt Immunsystem, fördert Gewichtsabnahme, entkrampft, beruhigt.
Gut bei Abwehrschwäche, Appetitlosigkeit, Blähungen, Bluthochdruck.
Anzahl Portionen: 4
Kalorien p. Portion 166
Gramm p. Portion 290,25
Kochdauer ca. 1 Stunde
Allergene: ACGL
(Kohlehydrat:75% / Eiweiß & Fett:25%)
100g.≈ Eiweiß 6,54g. Fett:4,63g.
µg. - Ph:3,26 Na:1,11 Ka:13,57 Mg:2,45 Ca:9,39 Fe:0,06 Zn:0,02 Col.:1,36 Hsr.:1,49

Zutaten:
Kartoffel 250 g. / 250g. (empfehlenswert)
Weizen Mehl 25 g. / 25g. (ja)
Weizen Gries 15 g. / 15g. (ja)
Huhn Eigelb 1 Stück / 20g. (wenig)
Muskatnuss 1 Prise / 0,2g. (ja)
Grundrezept für eine Gemüsebrühe nahrhaft 250 ml. / 250g. (ja)
Sellerie Knolle 50 g. / 50g. (ja)
Zitrone Schale 1/2 TL / 2g. (wenig)
Ingwer frisch 1/2 TL / 2g. (ja)
Muskatnuss 1 Prise / 0,2g. (ja)
Basilikum (frisch) 1 Bund / 125g. (ja)
Creme fraîche 1 EL / 20g. (wenig)
Salz 1 Prise / 1g. (wenig)
Pfeffer gemahlen 1 Prise / 0,2g. ()

Karotte (Mohrrübe, Möhre) 100 g. / 100g. (empfehlenswert)
Zucchini 100 g. / 100g. (empfehlenswert)
Blumenkohl (Karfiol) 100 g. / 100g. (ja)
Brokkoli 100 g. / 100g. (ja)
Salz 1 Prise / 1g. (wenig)

Kochanleitung:
Kartoffeln in der Schale weich dämpfen, abziehen und heiß durch die
Kartoffelpresse drücken. Die heißen Kartoffeln mit Mehl, Grieß, Ei,
Muskat und Salz zu einem glatten Teig verarbeiten. Teig 3o Min. ruhen
lassen. Aus dem Teig mit mehlbestäubten Händen kleine Röllchen (2
cm) formen und davon 1 cm dünne Scheibchen abschneiden. Damit die
typische Gnocchiform entsteht, die Teigscheibchen mit dem Daumen
etwas eindellen. Gnocchi in leicht kochendem Salzwasser 6-8 Min.
ziehen lassen und mit dem Schaumlöffel aus dem Topf heben.
Gemüsebrühe zum Kochen bringen. Würfelig geschnittenen Sellerie,
geriebene Zitronenschale, feingehackten Ingwer und eine gute Prise
Muskat zufügen. Zugedeckt ca. 10 Min. köcheln lassen und alles
zusammen mit gehacktem Basilikum und der Crème fraîche mit dem
Mixstab zu einer glatten Soße pürieren. Mit Salz und Muskat
abschmecken. Karotten, Zucchini, Blumenkohl und Brokkoli
kleinschneiden und zugedeckt in einem Siebeinsatz über Wasserdampf
in 8 Min. bissfest garen. Soße nochmals erhitzen, zum Gemüse geben
und über den Gnocchi anrichten.

3.43 Kartoffeln mit Löwenzahnsalat

Stärkt Milz, lindert Entzündungen, regeneriert Haut, entgiftet, stärkt
Magen und Verdauungssystem, bakterizid, löst Stagnation.
Anzahl Portionen: 2
Kalorien p. Portion 162
Gramm p. Portion 203,25
Kochdauer ca. 25 min.
(Kohlehydrat:70,33% / Eiweiß & Fett:29,67%)
100g.≈ Eiweiß 4,28g. Fett:5,59g.
µg. - Ph:26,55 Na:13,01 Ka:175,89 Mg:11,87 Ca:27,38 Fe:0,61 Zn:0,14 Col.:0,01
Hsr.:14,21

Zutaten:
Kartoffel 250 g. / 250g. (empfehlenswert)
Zwiebel weiss 1/2 Stück / 20g. (wenig)
Sonnenblumenöl 1 EL / 10g. (wenig)
Löwenzahn (junger) 125 g. / 125g. (ja)
Salz 1 Prise / 1g. (wenig)
Pfeffer weiss (gemahlen) 1 Prise / 0,5g. (wenig)

Kochanleitung:
Die Kartoffeln in Salzwasser garen und in dünne Scheiben schneiden.
Löwenzahnblätter klein schneiden. Feingehackte Zwiebel und Öl
dazugeben, mit Salz und Pfeffer würzen und alles vermischen.

3.44 Kompott aus Äpfeln

Apfel (süß) stoppt Durchfall, fördert Verdauung, regt Appetit an,
harmonisiert Magen, erwärmt Magen und Milz, fördert Durchblutung.
Anzahl Portionen: 2
Kalorien p. Portion 67
Gramm p. Portion 220,5
Kochdauer ca.   10 Min.
(Kohlehydrat:95,64% / Eiweiß & Fett:4,36%)
100g.≈ Eiweiß 0,24g. Fett:0,46g.
µg. - Ph:2,81 Na:1,03 Ka:36,45 Mg:1,81 Ca:4,33 Fe:0,13 Zn:0,03 Col.:0 Hsr.:3,74

Zutaten:
Apfel (süß) 1 Stück / 220g. (wenig)
Wasser 2 Tassen / 220g. (ja)
Zimtpulver 1 Prise / 1g. (ja)

Kochanleitung:
Bio-Apfel mit Schalen und Kernen klein geschnitten im Wasser weich
kochen und mit Zimt bestreuen.

3.45 Kompott aus einheimischem Obst und Trockenfrüchten

Fördert Verdauung und Durchblutung, harntreibend, stoppt Durchfall,
regt Appetit an, erwärmt Magen und Milz.
Anzahl Portionen: 4
Kalorien p. Portion 45
Gramm p. Portion 200,5
Kochdauer ca.   15 Min.
(Kohlehydrat:94% / Eiweiß & Fett:6%)
100g.≈ Eiweiß 0,3g. Fett:0,3g.
µg. - Ph:0,3 Na:0,1 Ka:3,15 Mg:0,19 Ca:0,4 Fe:0,01 Zn:0,01 Col.:0 Hsr.:0,35

Zutaten:
Apfel (süß) 1 Stück / 150g. (wenig)
Birne 1 Stück / 150g. (ja)
Zimtpulver 1 Prise / 0,2g. (ja)
Zitrone Schale 1/2 TL / 2g. (wenig)
Wasser 1/2 Liter / 500g. (ja)

Kochanleitung:
Den Apfel und die Birne mit den Trockenfrüchten weich kochen und mit
Zimt und Zitronenschale (bio) bestreuen.

3.46 Kürbissuppe

Fördert Verdauung, stärkt Magen und Milz, senkt Blutdruck, bakterizid,
stärkt Immunsystem, beugt Krebs vor, reduziert Strahlenverletzungen,
regeneriert Haut, senkt Cholesterinspiegel, senkt Blutzucker, schützt
Leber.

Anzahl Portionen: 3
Kalorien p. Portion 104
Gramm p. Portion 236,33
Kochdauer ca. 1 Stunde
(Kohlehydrat:71% / Eiweiß & Fett:29%)
100g.≈ Eiweiß 2,54g. Fett:3,64g.
µg. - Ph:4,02 Na:0,96 Ka:24,72 Mg:1,82 Ca:2,89 Fe:0,08 Zn:0,02 Col.:0 Hsr.:1,08

Zutaten:
Kürbis 300 g. / 300g. (ja)
Karotte (Mohrrübe, Möhre) 2 Stück / 100g. (empfehlenswert)
Kartoffel 2 Stück / 120g. (empfehlenswert)
Olivenöl 1 EL / 10g. (wenig)
Zwiebel weiss 1 Stück / 50g. (wenig)
Wasser 1 Tasse / 120g. (ja)
Petersilie 1 EL / 7g. (ja)
Anis (gemeiner Fenchel) 1 Prise / 1g. (ja)
Salz 1 Prise / 1g. (wenig)

Kochanleitung:
Olivenöl in einer Pfanne erhitzen. In Würfel geschnittenen Kürbis,
gewürfelte Karotten und Kartoffeln dazugeben und kurz anbraten. Klein
geschnittene Zwiebel zugeben, mit Wasser auffüllen (Gemüse
mindestens drei fingerbreit bedecken), aufkochen und leise köcheln
lassen. Mit Meersalz und einer Prise Anis würzen, klein geschnittene
Petersilie dazugeben. Alles zusammen ca. 35 Min. köcheln lassen.
Anschließend die Suppe pürieren und evtl. Wasser zugeben, je nach
Konsistenz.

3.47 Misosuppe mit Tofu

Liefert Vitamine, Mineralien, Enzyme und sekundäre Pflanzenwirkstoffe. Alginsäure entgiftet den Darm, löst Stagnation. Belebt, entgiftet, stärkt das Immunsystem, fördert Verdauung, stärkt Magen, lindert Blähungen.

Anzahl Portionen: 3
Kalorien p. Portion   51
Gramm p. Portion   231,33
Kochdauer ca.   5 min.
Allergene: E
(Kohlenhydrat:43,33% / Eiweiß & Fett:56,67%)
100g.≈ Eiweiß 4,44g. Fett:1,66g.
µg. - Ph:11,31 Na:58,1 Ka:19,06 Mg:5,88 Ca:7,16 Fe:0,06 Zn:0,01 Col.:0 Hsr.:3,33

Zutaten:

Wakame 1 Stück / 5g. (ja)
Miso 3-4 EL / 30g. (ja)
Soja Tofu 50 g. / 50g. (ja)
Wasser 1/2 Liter / 500g. (ja)
Sojasauce 1 Schuss / 3g. (wenig)
Zwiebel Frühlingszwiebel 1/2 EL / 6g. (wenig)

Kochanleitung:

Wasser, Sojakeimlinge, Wakamealge und in Würfel geschnittenen Tofu 5 Min. aufwärmen. Misopaste in Suppenteller geben und langsam mit heißer Suppe übergießen. Mit Tamari abschmecken. Eventuell Frühlingszwiebeln dazugeben.

3.48 Nudelsuppe

Schont die Verdauungsorgane, entgiftet, senkt Blutdruck, bakterizid, stärkt Immunsystem, Muskeln, Sehnen und Knochen, regt Leberfunktion an. Wirkt bei Appetitlosigkeit und Blähungen.

Anzahl Portionen: 8
Kalorien p. Portion   237
Gramm p. Portion   303,88
Kochdauer ca.   1 1/2 Stunden
Allergene: ACEGL
(Kohlenhydrat:63,55% / Eiweiß & Fett:36,45%)
100g.≈ Eiweiß 14,74g. Fett:5,04g.
µg. - Ph:8,6 Na:5,71 Ka:23,73 Mg:2,3 Ca:3,96 Fe:0,15 Zn:0,02 Col.:0,34 Hsr.:7,1

Zutaten:
Rind Suppenfleisch 300 g. / 300g. (ja)
Wasser 1 Liter / 900g. (ja)
Lorbeerblatt 1 Stück / 1g. (ja)
Karotte (Mohrrübe, Möhre) 300 g. / 300g. (empfehlenswert)
Sellerie Stangensellerie 1 Staude / 200g. (ja)
Blumenkohl (Karfiol) 300 g. / 300g. (ja)
Petersilie 1 Bund / 100g. (ja)
Nudeln (Weizen) mit Ei 300 g. / 300g. (ja)
Butter Bio 1 EL / 10g. (wenig)
Salz 1 TL / 2g. (wenig)
Sojasauce 1 EL / 8g. (wenig)
Tomatenmark 1 EL / 10g. (ja)

Kochanleitung:
Das Fleisch abwaschen und im Wasser mit dem Lorbeerblatt bei
schwacher Hitze etwa 30 Min. köcheln lassen. Die Karotten schälen
und in Scheiben schneiden. Von der Selleriestaude das untere Ende
und die Blätter abtrennen. Die Stiele waschen, die zähen Fäden
abziehen und die Stiele in etwa 1 cm dicke Scheiben schneiden.
Rosenkohl waschen, putzen und dabei die Röschen von unten
kreuzweise einschneiden. Die Petersilie waschen und klein schneiden.
Rosenkohl und Karottenscheiben zur Suppe geben und alles etwa 30
Min. weiterkochen. Nach etwa 10 Min. den Sellerie samt grünen
Blättern sowie die Nudeln dazugeben. Zum Schluss Lorbeerblatt und
Selleriegrün entfernen. Butter und 1 TL gehackte Petersilie unterrühren.
Die Suppe mit Salz, Sojasoße, Tomatenmark und der restlichen
Petersilie würzen. Das Fleisch herausheben, von Fett und Knochen
befreien und würfeln und in der Suppe servieren.

3.49 Polenta mit Pfirsich

Lindert Müdigkeit, stärkt Magen, harntreibend, stärkt die Abwehr, gegen
Pilzinfektionen, lässt Gallensaft fließen, beugt Alterungsprozessen vor,
stärkt Gehirnzellen.
Anzahl Portionen: 3
Kalorien p. Portion 197
Gramm p. Portion 254,03
Kochdauer ca. 20 min
(Kohlehydrat:89,44% / Eiweiß & Fett:10,56%)
100g.≈ Eiweiß 4,48g. Fett:0,6g.
µg. - Ph:8,27 Na:0,36 Ka:35,48 Mg:2,78 Ca:3,07 Fe:0,14 Zn:0,02 Col.:0 Hsr.:4,67

Zutaten:
Wasser 2 Tassen / 240g. (ja)
Mais Gries (Polenta) 1 Tasse / 120g. (ja)
Pfirsich 2-3 Stück / 400g. (wenig)
Vanilleschote 1 Prise / 1g. (ja)
Chili (Schote oder gemahlen) 1 Prise / 0,1g. (wenig)
Zimtpulver 1 Prise / 1g. (ja)

Kochanleitung:
Die Polenta in einen Topf mit heißem Wasser unter ständigem Rühren
einrieseln lassen, bis die gewünschte Konsistenz erreicht ist. Vom Herd
nehmen und ca. 10 Min. ausquellen lassen. Frische Pfirsiche waschen,
vierteln und in die fertige Polenta hineinschneiden. Vanille und nach
Geschmack Chili unterrühren und 3 Min. ziehen lassen. Wintervariante:
eingelegtes Obst, Birne, Apfel

3.50 Reis mit gedämpftem Gemüse

Senkt Blutdruck, bakterizid, harntreibend, stärkt Immunsystem, beugt
Krebs vor, reduziert Strahlenverletzungen. Gut bei
Durchblutungsstörungen, Thrombose, Emboliegefahr, Kopfschmerzen,
Herzinfarkt und Schlaganfall.
Anzahl Portionen: 2
Kalorien p. Portion 167
Gramm p. Portion 310,5
Kochdauer ca. 20 min
Allergene: L
(Kohlehydrat:82,32% / Eiweiß & Fett:17,68%)
100g.≈ Eiweiß 4,33g. Fett:2,26g.
µg. - Ph:16,63 Na:5,67 Ka:52,64 Mg:6,29 Ca:11,8 Fe:0,4 Zn:0,07 Col.:0 Hsr.:12,64

Zutaten:
Reis Sorte beliebig 1/2 Tasse / 60g. (ja)
Wasser 3 Tassen / 300g. (ja)
Zitrone Schale 1 Stück / 3g. (wenig)
Wasser 1/8 Liter / 0g. (ja)
Karotte (Mohrrübe, Möhre) 2 Stück / 180g. (empfehlenswert)
Sellerie Stangensellerie 1/2 Stück / 5g. (ja)
Champignon 1/2 Tasse / 50g. (ja)
Kresse 2 EL / 20g. (ja)
Leinöl 1 Schuss / 3g. (wenig)

Kochanleitung:
Reis nach Grundrezept kochen, dabei ein Stück Zitronenschale
mitkochen. Wasser aufstellen und kleingeschnittene Karotten,

Stangensellerie und Champignons im Gemüseeinsatz dämpfen, bis sie weich sind. Anschließend mit Kresse bestreuen und zuletzt einen Schuss hochwertiges Öl zugeben.

3.51 Reis mit Pastinake

Vitaminreich, Mineralstoffe Kalium und Zink. Bei Durchblutungsstörungen, Thrombose, Emboliegefahr, Bluthochdruck, Kopfschmerzen, Herzinfarkt, Schlaganfall, Hefepilzinfektionen.

Anzahl Portionen: 3
Kalorien p. Portion 206
Gramm p. Portion 261,33
Kochdauer ca. 45 Min.
(Kohlehydrat:78,37% / Eiweiß & Fett:21,63%)
100g.≈ Eiweiß 5,17g. Fett:4,53g.
µg. - Ph:20,16 Na:2,09 Ka:94,99 Mg:7,61 Ca:10,6 Fe:0,15 Zn:0,07 Col.:0 Hsr.:12,18

Zutaten:
Reis Sorte beliebig 1 Tasse / 120g. (ja)
Wasser 2 Tassen / 200g. (ja)
Salz 1 Prise / 1g. (wenig)
Pastinake 3-4 Stück / 450g. (ja)
Olivenöl 1 EL / 10g. (wenig)
Salbei 1 TL / 3g. (ja)

Kochanleitung:
Pastinake schälen und in Scheiben schneiden. Kurz in Öl anbraten. Reis hinzugeben und kurz mitbraten. Mit Wasser übergießen und mindestens 30 Min. lang kochen lassen. Mit etwas frischem gehacktem Salbei bestreuen.

3.52 Reis-Congee mit Karotten und Fenchel

Stärkt und wärmt Magen, lindert Verstopfung, regt Nerven an, entgiftet, lindert Entzündungen, verbessert Durchblutung, senkt Blutdruck, bakterizid, stärkt Immunsystem, beugt Krebs vor, reduziert Strahlenverletzungen.

Anzahl Portionen: 3
Kalorien p. Portion 132
Gramm p. Portion 284,67
Kochdauer ca. 2 Stunden
Allergene: G
(Kohlehydrat:94,12% / Eiweiß & Fett:5,88%)
100g.≈ Eiweiß 4,18g. Fett:1,37g.
µg. - Ph:9,78 Na:9,7 Ka:55,1 Mg:64,86 Ca:68,94 Fe:0,4 Zn:0,03 Col.:0,09 Hsr.:3,77

Zutaten:
Grundrezept für eine Reissuppe (Congee) 1/2 Liter / 500g. (ja)
Karotte (Mohrrübe, Möhre) 2 Stück / 100g. (empfehlenswert)
Fenchel 1 Stück / 250g. (ja)
Butter Bio 1 TL / 3g. (wenig)
Kardamom 1/2 TL / 1g. (empfehlenswert)

Kochanleitung:
Reis-Congee nach Grundrezept kochen. Karotten und Fenchel putzen
und klein schneiden. Hinweis: Wenn Karotten und Fenchel von Anfang
an mitgekocht werden, dienen sie der Bekömmlichkeit. Werden sie kurz
vor Ende der Kochzeit zugegeben, bleiben Geschmack und Vitamine
erhalten. Vor dem Servieren mit Butter und Kardamom verfeinern.

3.53 Rinderkraftbrühe

Erwärmend und nährend, baut Kräfte auf.
Anzahl Portionen: 7
Kalorien p. Portion   125
Gramm p. Portion   263,57
Kochdauer ca.   2-6 Stunden
Allergene: L
(Kohlehydrat:11,28% / Eiweiß & Fett:88,72%)
100g.≈ Eiweiß 21,12g. Fett:3,81g.
µg. - Ph:8,55 Na:2,68 Ka:15,22 Mg:1,38 Ca:2,17 Fe:0,15 Zn:0,03 Col.:0,4 Hsr.:6,57

Zutaten:
Wasser 1 Liter / 1000g. (ja)
Zitrone 2 Spritzer / 2g. (wenig)
Rind Fleisch 500 g. / 500g. (ja)
Rind Fleischknochen 2 Stück / 0g. (wenig)
Kurkuma (Gelbwurz) gute Prise / 1g. (empfehlenswert)
Karotte (Mohrrübe, Möhre) 2 Stück / 100g. (empfehlenswert)
Sellerie Knolle 3 cm / 25g. (ja)
Petersilienwurzel 1 Stück / 150g. (ja)
Zwiebel weiss 1 Stück / 50g. (wenig)
Lorbeerblatt 2-3 Blatt / 2g. (ja)
Koriander 1/2 TL / 2g. (ja)
Ingwer frisch 2 cm. / 2g. (ja)
Wakame 2 cm. / 1g. (ja)
Petersilie 1 Stiel / 10g. (ja)

Kochanleitung:
Fleisch und Fleischknochen mit kaltem Wasser knapp bedeckt
aufsetzen und einige Spritzer Zitronensaft und etwas Kurkuma

dazugeben, zum Kochen bringen und einen Moment kochen lassen. Dann die ganze Brühe weggießen, den Topf säubern, Fleisch und Knochen mit heißem Wasser abspülen (dadurch erspart man sich das Abschäumen) und mit 1 l heißem Wasser erneut aufsetzen mit folgenden Zutaten: eine gute Prise Kurkuma, Karotten, Sellerie, Petersilienwurzel, Zwiebel, Lorbeerblätter, Koriander, ein Stück in Scheiben geschnittenen Ingwer, ein Streifen Wakame und ein Stiel Petersilie. Alles zusammen aufkochen und 2-6 Std. köcheln lassen (wenn das Fleisch anderweitig verwendet werden soll, nimmt man es nach 1,5-2 Std. aus der Brühe, sobald es gar ist. Die Knochen gibt man zurück in die Brühe). Nach Ende der Kochzeit die Brühe durch ein Sieb geben und nur diese behalten ohne alle Zutaten. Hinweise: Je länger die Brühe gekocht hat, um so erwärmender und nährender ist sie. Sie ist nach dem Abkühlen 3-4 Tage im Kühlschrank haltbar. Die Brühe kann heiß getrunken werden oder dient als Basis für Suppen mit Getreide, Kartoffeln und frischem Gemüse.

3.54 Rindfleisch-Kürbis-Gemüse-Eintopf

Lindert Entzündungen, verbessert Verdauung, reduziert Blutzucker, stärkt Muskeln, Sehnen und Knochen, hilft Fett zu verdauen.
Anzahl Portionen: 4
Kalorien p. Portion   368
Gramm p. Portion   403,88
Kochdauer ca.   1 Stunde
Allergene: AL
(Kohlehydrat:47,68% / Eiweiß & Fett:52,32%)
100g.≈ Eiweiß 30,33g. Fett:11,31g.
µg. - Ph:18,15 Na:12,9 Ka:63,49 Mg:6,73 Ca:14,8 Fe:0,3 Zn:0,08 Col.:1 Hsr.:11,31

Zutaten:
Rind Fleisch 350 g. / 350g. (ja)
Kürbis 350 g. / 350g. (ja)
Lauch (Porree) 150 g. / 150g. (wenig)
Kartoffel 350 g. / 350g. (empfehlenswert)
Tomate 150 g. / 150g. (ja)
Olivenöl 2 EL / 25g. (wenig)
Grundrezept für eine Gemüsebrühe nahrhaft 125 g. / 125g. (ja)
Salz 1 Prise / 1g. (wenig)
Pfeffer gemahlen 1 Prise / 0,5g. ()
Paprika (Rosenpaprikapulver) 1 TL / 2g. (wenig)
Kümmel gemahlen 1 Prise / 1g. (ja)
Zucker Ursüße (Zuckerrohr) süß 1 Prise / 1g. (wenig)
Petersilie 1/2 Bund / 30g. (ja)
Weißbrot (Weizenbrot) 4 Scheiben / 80g. (ja)

Kochanleitung:
Rindfleisch in Würfel schneiden. Kürbis schälen und würfeln. Lauch in Ringe schneiden und geschälte Kartoffeln würfeln. Die Tomaten mit kochendem Wasser überbrühen, Haut abziehen und würfeln. Fleisch in Olivenöl anbraten und mit Gemüsebrühe auffüllen. Das geputzte Gemüse dazugeben und mit Salz, Pfeffer, Paprika, Kümmel und Fruchtzucker abschmecken. 30 Min. bei schwacher Hitze schmoren. Noch einmal würzen und mit Petersilie bestreut mit Weißbrot servieren.

3.55 Rindfleischsalat

Stärkt Milz, Magen, Blut, Muskeln, Sehnen und Knochen, kühlt und befeuchtet, harntreibend, entgiftend, unterdrückt Umwandlung von Zucker in Fett, senkt Cholesterinspiegel, löst Stagnation.

Anzahl Portionen: 1
Kalorien p. Portion 249
Gramm p. Portion   197
Kochdauer ca.   10 Min.
Allergene: O
(Kohlehydrat:54% / Eiweiß & Fett:46%)
100g.≈ Eiweiß 15,71g. Fett:7,9g.
µg. - Ph:151,93 Na:219,82 Ka:142,62 Mg:14,06 Ca:28,43 Fe:1,3 Zn:1,53 Col.:18,53 Hsr.:43,25

Zutaten:
Rind Fleisch 50 g. / 50g. (ja)
Zwiebel weiss 20 g. / 20g. (wenig)
Paprika 30 g. / 30g. (wenig)
Gurke (Gewürzgurke) 30 g. / 30g. (ja)
Essig (Apfelessig) 2 TL / 5g. (wenig)
Rapsöl 2 TL / 5g. (ja)
Salz 1 Prise / 0,5g. (wenig)
Pfeffer gemahlen 1 Prise / 0,1g. ()
Lauchzwiebel Schnittlauch 1 EL / 7g. (wenig)
Brot mit Johannisbrotkernmehl 2 Scheiben / 50g. (ja)

Kochanleitung:
Das Fleisch mit dem Grundrezept einer Rinderbrühe kochen, auskühlen lassen und in ca. 1 cm große Scheiben schneiden. Zwiebeln in Ringe, Paprikaschote und Gewürzgurke in kleine Würfel schneiden und alle Zutaten mischen. Salatmarinade aus Essig, Öl und Salz herstellen und darüber verteilen, abschmecken und durchziehen lassen.

3.56 Rindfleischsuppe mit Karotten, Lauch und Lorbeer

Stärkt Milz, Magen, Blut, Muskeln, Sehnen und Knochen, senkt Blutdruck, ist bakterizid, schweißtreibend, stärkt das Immunsystem, löst Stagnation und lässt Urin und Gallensaft fließen.

Anzahl Portionen: 5
Kalorien p. Portion 194
Gramm p. Portion 262,2
Kochdauer ca. 2-3 Stunden
(Kohlehydrat:15% / Eiweiß & Fett:85%)
100g.≈ Eiweiß 29,17g. Fett:5,23g.
µg. - Ph:3,28 Na:2 Ka:5,56 Mg:0,5 Ca:0,84 Fe:0,06 Zn:0,08 Col.:1,12 Hsr.:2,6

Zutaten:
Rind Fleisch 1/2 Kg. / 500g. (ja)
Karotte (Mohrrübe, Möhre) 2 Stück / 200g. (empfehlenswert)
Lauch (Porree) 1/2 Stück / 150g. (wenig)
Lorbeerblatt 3 Blätter / 1g. (ja)
Mais Gries (Polenta) 1 EL / 10g. (ja)
Wasser 1/2 Liter / 450g. (ja)
Salz 1 Prise / 0,5g. (wenig)

Kochanleitung:
Rindersuppenfleisch oder Beinscheibe knapp mit Wasser bedeckt zum Kochen bringen und einen Moment kochen lassen. Die Brühe dann weggießen, das Fleisch mit heißem Wasser abbrausen (dadurch erspart man sich das Abschäumen), den Topf säubern und erneut das Fleisch in heißem Wasser aufsetzen. Kleingeschnittene Karotte, Lauch, Mais und Lorbeer zufügen und köcheln lassen, bis das Fleisch gar ist.

3.57 Rosmarinkartoffeln

Kartoffel stärkt die Milz, lindert Entzündungen, verbessert die Verdauung, regeneriert die Haut, ist harntreibend, senkt Cholesterinspiegel. Rosmarin fördert Verdauung, stärkt Lunge, Milz und Nieren.

Anzahl Portionen: 2
Kalorien p. Portion 189
Gramm p. Portion 216,5
Kochdauer ca. 30 Min.
(Kohlehydrat:76,49% / Eiweiß & Fett:23,51%)
100g.≈ Eiweiß 4,21g. Fett:5,25g.
µg. - Ph:23,02 Na:1,45 Ka:165,76 Mg:9,44 Ca:3,73 Fe:0,2 Zn:0,07 Col.:0,01 Hsr.:7,27

Zutaten:
Kartoffel 6-8 Stück / 420g. (empfehlenswert)
Salz Kräutersalz 1 Prise / 1g. (wenig)
Olivenöl 1 EL / 10g. (wenig)
Rosmarin 1 TL / 2g. (ja)

Kochanleitung:
Kartoffeln der Länge nach halbieren, mit etwas Olivenöl bestreichen, salzen, 2-3 Rosmarinnadeln auf jede halbe Kartoffel streuen, auf Backblech setzen und im vorgeheizten Backofen ca. 25 Min. bei 190 Grad backen.

3.58 Sellerie-Kartoffel-Cremesuppe

Senkt Blutdruck, stärkt Immunsystem, fördert Gewichtsabnahme. Gut bei Abwehrschwäche, Appetitlosigkeit, Blähungen, Depressionen, Diabetes, Durchfall, Verdauungsschwäche.
Anzahl Portionen: 4
Kalorien p. Portion 113
Gramm p. Portion 241,5
Kochdauer ca. 45 Min.
Allergene: GL
(Kohlehydrat:83,35% / Eiweiß & Fett:16,65%)
100g.≈ Eiweiß 2,16g. Fett:5,52g.
µg. - Ph:5,96 Na:3,46 Ka:23,98 Mg:22,27 Ca:83,51 Fe:0,18 Zn:0,02 Col.:0 Hsr.:1,49

Zutaten:
Olivenöl 1 EL / 10g. (wenig)
Zwiebel weiss 1/2 Stück / 25g. (wenig)
Grundrezept für eine Gemüsebrühe nahrhaft 700 ml. / 700g. (ja)
Kartoffel 200 g / 200g. (empfehlenswert)
Muskatnuss 1 Prise / 0,5g. (ja)
Kümmel 1 Prise / 0,5g. (ja)
Zitrone Schale 1/4 Stück / 1g. (wenig)
Creme fraîche 2 EL / 20g. (wenig)
Salz 1 Prise / 1g. (wenig)
Petersilie 1 EL / 8g. (ja)

Kochanleitung:
Das Olivenöl in einem Topf leicht erhitzen und Zwiebelwürfel darin bei milder Hitze ganz weich dünsten. Mit Gemüsebrühe (nach Grundrezept) aufgießen und zugedeckt 15 Min. köcheln lassen. Kartoffelwürfel, kleingeschnittenen Sellerie, Muskat, Kümmel und Zitronenschale zugeben und zugedeckt weitere 12 Min. leicht kochen. Kartoffeln und Sellerie sollen weich sein, aber nicht zerfallen. Zitronenschale

entfernen, mit dem Mixstab oder im Mixer die Suppe mit Crème fraîche fein pürieren und mit Salz abschmecken. Suppe portionsweise mit der kleingehackten Petersilie anrichten.

3.59 Tee aus Anissamen

Anis (gemeiner Fenchel) fördert Verdauung, stärkt Magen und Milz.
Anzahl Portionen: 4
Kalorien p. Portion 3
Gramm p. Portion   125,75
Kochdauer ca.   15 Min.
(Kohlehydrat:51,11% / Eiweiß & Fett:48,89%)
100g.≈ Eiweiß 0,14g. Fett:0,12g.
µg. - Ph:0,71 Na:0,27 Ka:2,06 Mg:0,5 Ca:2,29 Fe:0 Zn:0,01 Col.:0 Hsr.:0

Zutaten:
Anis (gemeiner Fenchel) 1 TL / 3g. (ja)
Wasser 1/2 Liter / 500g. (ja)

Kochanleitung:
Wasser zum Kochen bringen und beiseite stellen. Anis zugeben, 10 Min. ziehen lassen und durch ein Teesieb abgießen. Nach Geschmack mit Honig süßen. Um eine heilsame Wirkung zu erzielen, sollte man pro Tag 2 Tassen Anis-Tee trinken.

3.60 Tee aus Beifußtee

Reduziert Blutungen, lindert Schmerzen, macht fettes Essen leichter verdaulich.
Anzahl Portionen: 2
Kalorien p. Portion 0
Gramm p. Portion   251
Kochdauer ca.   10 Min.
(Kohlehydrat:0% / Eiweiß & Fett:0%)
100g.≈ Eiweiß 0g. Fett:0g.
µg. - Ph:0 Na:0,5 Ka:0 Mg:0,5 Ca:2,49 Fe:0 Zn:0,02 Col.:0 Hsr.:0

Zutaten:
Wasser 1/2 Liter / 500g. (ja)
1-2 TL Beifußtee

Kochanleitung:
Wasser zum Kochen bringen und beiseite stellen. Beifuß zufügen und 10 Min. ziehen lassen. Nach Geschmack mit Honig süßen.

3.61 Tee aus Catuaba

Hat hohen Anteil an Mineralstoffen und Spurenelementen. Vor allem Magnesium, Kalium und Calcium sind in beachtlichen Mengen enthalten. Catuaba wirkt regenerierend und angenehm erfrischend.
Anzahl Portionen: 2
Kalorien p. Portion 6
Gramm p. Portion 255
Kochdauer ca. 20 Min.
(Kohlehydrat:98,81% / Eiweiß & Fett:1,19%)
100g.≈ Eiweiß 0,01g. Fett:0g.
µg. - Ph:0,08 Na:0,51 Ka:0,36 Mg:0,55 Ca:2,49 Fe:0,01 Zn:0,03 Col.:0 Hsr.:0,04

Zutaten:
Wasser 1/2 Liter / 500g. (ja)
3 TL Catuaba Tee
Honig 1 TL / 3g. (wenig)
Zitrone Saft 1/2 TL / 2g. (wenig)

Kochanleitung:
Einen gehäuften EL Tee ca. 5 Min. in ½ Liter Wasser kochen und anschließend etwa 15 Min. ziehen lassen. Mit Honig süßen. Ein kleiner Spritzer Zitronensaft beim Aufgießen dem Tee beigemischt, hilft, die Mineralstoffe optimal herauszulösen.

3.62 Tee aus Kamille

Gut bei Blähungen, Brechreiz, Darmkrämpfen, Durchfall, Entzündung der Mundschleimhaut, grippalen Infekten, Magen- und Darmschleimhautentzündung, schlecht heilenden Wunden, Übelkeit, Erkältungskrankheiten, Hautausschlägen.
Anzahl Portionen: 1
Kalorien p. Portion 0
Gramm p. Portion 123
Kochdauer ca. 10 Min.
(Kohlehydrat:0% / Eiweiß & Fett:0%)
100g.≈ Eiweiß 0g. Fett:0g.
µg. - Ph:0 Na:0,98 Ka:0 Mg:0,98 Ca:4,88 Fe:0,01 Zn:0,1 Col.:0 Hsr.:0

Zutaten:
Kamille 1 TL / 3g. (ja)
Wasser 1 Tasse / 120g. (ja)

Kochanleitung:
Wasser zum Kochen bringen und beiseite stellen. Kamillenblüten zugeben und 10 Min. ziehen lassen, dann abseihen.

3.63 Tee aus Käsepappel

Hilft bei Magenschmerzen und Gastritis.
Anzahl Portionen: 2
Kalorien p. Portion 0
Gramm p. Portion 257
Kochdauer ca. 10 Min.
(Kohlehydrat:0% / Eiweiß & Fett:0%)
100g.≈ Eiweiß 0g. Fett:0g.
µg. - Ph:0 Na:0,49 Ka:0 Mg:0,49 Ca:2,43 Fe:0 Zn:0,02 Col.:0 Hsr.:0

Zutaten:
Käsepappeltee 2 EL / 14g. (empfehlenswert)
Wasser 1/2 Liter / 500g. (ja)

Kochanleitung:
Wasser zum Kochen bringen und beiseite stellen. Käsepappeltee
dazugeben und 10 Min. ziehen lassen. Nach Geschmack mit Honig
süßen. Beim Eingießen abseihen.

3.64 Tee aus Rooibos

Antioxidativ, entzündungshemmend, antibakteriell, antiviral, antifungal,
entgiftend (basisch), krebshemmend, schützt durch enthaltene
Flavonoide, positive Wirkung bei Alzheimer und Arteriosklerose.
Antiallergisch, hemmt die Histaminausschüttung.
Anzahl Portionen: 5
Kalorien p. Portion 0
Gramm p. Portion 200,8
Kochdauer ca. 10 Min.
(Kohlehydrat:0% / Eiweiß & Fett:0%)
100g.≈ Eiweiß 0g. Fett:0g.
µg. - Ph:0 Na:0,2 Ka:0 Mg:0,2 Ca:1 Fe:0 Zn:0 Col.:0 Hsr.:0

Zutaten:
Wasser 1 Liter / 1000g. (ja)
3-4 TL Rooibos Tee

Kochanleitung:
Rooibos mit einem Liter kochenden Wasser überbrühen und 6-10 Min.
ziehen lassen. Bei weichem Wasser können Sie weniger Tee für die
Zubereitung nehmen, bei härterem Wasser empfehlen wir eine höhere
Dosierung.

3.65 Tee aus Schwarztee (Russischer Tee)

Schwarztee fördert Durchblutung.
Anzahl Portionen: 1
Kalorien p. Portion 8
Gramm p. Portion 125
Kochdauer ca.   10 Min.
(Kohlehydrat:2,52% / Eiweiß & Fett:97,48%)
100g.≈ Eiweiß 1,28g. Fett:0,26g.
µg. - Ph:11,92 Na:1,2 Ka:72,32 Mg:7,96 Ca:16,52 Fe:0,08 Zn:0,11 Col.:0 Hsr.:13,12

Zutaten:
Schwarztee 1 EL / 5g. (empfehlenswert)
Wasser 1 Tasse / 120g. (ja)

Kochanleitung:
Pro Tasse verwendet man einen Teelöffel voll oder einen Teebeutel.
Den Tee nur mit 60 bis 80 Grad heißem Wasser übergießen, da er
sonst bitter wird. Soll der Tee eine anregende Wirkung haben, lässt
man ihn 2 bis 3 Min. ziehen. Eher beruhigend wirkt er bei einer
Ziehdauer von 5 Min. (nicht länger, sonst wird er bitter!). Eine andere
Methode: Man übergießt die Teeblätter mit ca. 70 Grad heißem Wasser
und gießt das Wasser sofort wieder ab. Dann einfach noch mal heißes
Wasser nachgießen. Die Bitterstoffe verschwinden und der Tee
bekommt ein milderes Aroma.

3.66 Tomatensuppe

Fördert Verdauung, hilft Fett zu verdauen, senkt Blutdruck, löst
Stagnation, antioxidativ, harntreibend.
Anzahl Portionen: 2
Kalorien p. Portion 100
Gramm p. Portion 290
Kochdauer ca.   10 min.
(Kohlehydrat:42% / Eiweiß & Fett:58%)
100g.≈ Eiweiß 1,78g. Fett:7,9g.
µg. - Ph:4,2 Na:1,2 Ka:31,36 Mg:1,99 Ca:3,85 Fe:0,07 Zn:0,04 Col.:0,01 Hsr.:1,47

Zutaten:
Olivenöl 1 EL / 15g. (wenig)
Zwiebel weiss 1 Stück / 60g. (wenig)
Basilikum (frisch) 1 TL / 2g. (ja)
Zimtpulver 1 Prise / 1g. (ja)
Pfeffer gemahlen 1 Prise / 0,5g. ()
Salz 1 Prise / 1g. (wenig)
Tomate 5 Stück / 250g. (ja)

Wasser 250 g. / 250g. (ja)
Paprika (Rosenpaprikapulver) 1 Prise / 1g. (wenig)

Kochanleitung:
Die kleingeschnittene Zwiebel im Olivenöl in einem Topf anrösten, Salz und Gewürze zufügen und kurz mitrösten. Gewaschene und geviertelte Tomaten zugeben und kurz anbraten. 250 ml Wasser heißes Wasser zufügen, 15 Min. kochen lassen und dann pürieren.

3.67 Zucchini-Grieß-Cremesuppe

Gut bei Appetitlosigkeit, Schluckstörungen, Blähungen, Darmentzündung, Rheuma, Sodbrennen. Senkt Blutdruck, fördert Gewichtsabnahme.

Anzahl Portionen: 4
Kalorien p. Portion 146
Gramm p. Portion   341,75
Kochdauer ca.   25 Min.
Allergene: AGL
(Kohlehydrat:78% / Eiweiß & Fett:22%)
100g.≈ Eiweiß 4,02g. Fett:7,8g.
µg. - Ph:1,7 Na:0,83 Ka:9,09 Mg:4,88 Ca:18,35 Fe:0,08 Zn:0,02 Col.:0,22 Hsr.:0,82

Zutaten:
Butter Bio 20 g. / 20g. (wenig)
Weizen Gries 2 EL / 20g. (ja)
Petersilie 1 Bund / 100g. (ja)
Grundrezept für eine Gemüsebrühe nahrhaft 800 ml. / 800g. (ja)
Liebstöckel 1/2 TL / 2g. (ja)
Muskatnuss 1 Prise / 0,5g. (ja)
Anis (gemeiner Fenchel) 1 Prise / 0,5g. (ja)
Zucchini 400 g. / 400g. (empfehlenswert)
Ingwer frisch 1/2 TL / 1g. (ja)
Creme fraîche 2 EL / 20g. (wenig)
Zitrone Schale 1/4 Stück / 2g. (wenig)
Salz 1 Prise / 1g. (wenig)
Pfeffer gemahlen 1 Prise / 0,5g. ()

Kochanleitung:
Butter in einem Topf schmelzen, Grieß hinzufügen und unter Rühren kurz anrösten. Die Hälfte der gehackten Petersilie dazugeben, kurz andünsten, mit Gemüsebrühe (nach Grundrezept) aufgießen, mit gehacktem Liebstöckel, Muskat und Anis würzen. Suppe ohne Deckel 10 Min. leicht kochen, kleingeschnittene Zucchini und ein kleines Stück Zitronenschale dazugeben und weitere 5 Min. köcheln lassen, bis die

Zucchini weich sind. Zitronenschale entfernen und mit dem Mixstab zusammen mit der Crème fraîche und der restlichen Petersilie fein pürieren.

4 Wirkung der Lebensmittel

4.1 Zutaten verwenden: empfehlenswert

Banane
Banane Kochbanane
Dill
Kardamom
Karotte (Frühkarotte)
Karotte (Mohrrübe, Möhre)
Karottensaft ohne Zucker
Kartoffel

Kartoffel (mehlige)
Kartoffelmehl
Käsepappeltee
Kurkuma (Gelbwurz)
Schwarztee
Süßkartoffel
Zucchini

4.2 Zutaten verwenden: ja

Agar-Agar, Agartang
Ahornsirup
Amaranth
Amaranth POPS
Andornkraut
Angelikawurzel
Anis (gemeiner Fenchel)
Apfelmus
Artischocke
Astronautenkost
Aubergine
Austern
Austernschalenpulver
Backpulver
Baldrian
Banchatee
Barsch
Basilikum
Basilikum (frisch)
Bataviasalat
Beeren der Saison
Beerensaft
Benediktinerdistel
Berberitzenrindetee
Birne
Birnensaft
Bitter Lemon
Bitterklee
Bitterorangenschale
Blattsalate (bitter)
Blumenkohl (Karfiol)
Blütenpollen
Bocksdornfrüchte (Fructus Lycii)

getrocknet
Bockshornklee
Borretsch
Brennnessel
Brokkoli
Brombeerblätter
Brombeere
Brombeere getrocknet (unreife)
Brösel (Weizenbrot, Semmel)
Brot mit Johannisbrotkernmehl
Brötchen (Semmel)
Buchweizen
Buchweizen (geröstet) Kasha
Bulgur (Getreide)
Champignon
Chicorée
Chrysanthemenblütentee
Couscous
Cranberries
Cumin (Kreuzkümmel)
Curry
Currypaste rot
Dashi
Dinkel
Dinkel Flocken
Dinkel Gries
Dorsch
Dulse (Lappentang)
Eibisch (Hibiscus)
Eisbergsalat
Endiviensalat
Enzianwurzel
Erdbeere

Estragon
Färberdiestel (Hong Hua)
Färberginsterkraut
Feige
Feige getrocknet
Feldsalat
Fenchel
Fenchelsamen gemahlen
Fencheltee
Fischstücke gemischt (Süßwasser)
Flaschenkürbis
Flunder
Forelle
Forelle (geräuchert)
Früchtetee
Gänseblümchen
Garam Masala Pulver
Garnele
Gelatine weiss
Gelee Royal
Gerste
Gerste (Nacktgerste)
Gerste (Perlgerste)
Gerstengras Pulver
Gerstengraupen
Gerstengrütze
Gerstenmalz
Gerstenmehl
Getreidekaffee
Gewürznelke
Ginkgofrucht
Ginsengwurzel
Glühweingewürzmischung
Granatapfel
Grapefruit getrocknete Schale
Grapefruit/Pampelmuse/Pomelo
Grapefruitsaft
Grundrezept für eine Gemüsebrühe
nahrhaft
Grundrezept für eine Hühnerbrühe
wärmend
Grundrezept für eine Reissuppe
(Congee)
Grüner Tee
Guave
Gurke
Gurke (bitter)
Gurke (Gewürzgurke)
Hafer
Hafer Flocken geröstet
Hafer Mehl
Hafer Milch
Hafer Schmelzlocken (Babynahrung)
Hagebutte

Hagebuttentee
Heidelbeere
Heidelbeere getrocknet
Hibiskustee
Himbeerblättertee
Himbeere
Himbeere getrocknet (unreife)
Hirse
Hirseflocken
Hokkaidokürbis
Holunderbeeren
Holunderblütentee
Honigmelone
Hummer
Ingwer frisch
Ingwer Pulver
Jasminblütentee
Johannisbeere (rot)
Johannisbeere (schwarz)
Johannisbeere (weiß)
Johannisbrotkernmehl
Kabeljau
Kaktusfeige
Kamille
Kapuzinerkresse
Karambole/Sternfrucht
Karausche
Kaviar
Kerbel
Kerbel getrocknet
Klettenwurzeltee
Kombualge
Kompott (Früchte der Saison)
Kopfsalat
Koriander
Koriandergrün
Krabbe
Krake
Kräuter bittere
Kräuter der Provence
Kräuter verschiedene
Kräuter Wildkräuter
Kräuterteemischung
Kresse
Kukichatee
Kümmel
Kümmel gemahlen
Kumquat
Kürbis
Kuzu
Languste
Laugengebäck
Lavendelblüten
Leberglättertee

Liebstöckel
Liebstöckelsamen
Lindenblütentee
Löffelbiskuit
Longane
Loquate/Japanische Mispel
Lorbeerblatt
Lotossamen
Lotoswurzeln
Löwenzahn (junger)
Löwenzahnsaft
Löwenzahnwurzeltee
Luohan-Frucht
Lychee
Lychee (Konserve)
Mais
Mais (geröstet)
Mais (Schnellpolenta)
Mais Gries (Polenta)
Mais Mehl (Maizena)
Maishaartee
Maisstärke
Majoran
Makannastern Samen
Malventee
Malz
Mango
Mangold
Mangopulver
Maulbeerfrucht
Meereskrebs
Melisse
Miesmuscheln
Miso
Miso schwarz (fermentiert)
Mispel
Mittelmeerfisch (Kabeljau, Scholle,
Schellfisch, Seeaal, Makrele)
Mixed Pickels
Muskatnuss
Nelke
Nudeln (Weizen) mit Ei
Nudeln (Weizen, Bandnudeln) mit Ei
Nudeln (Weizen, Lasagneblätter) mit Ei
Nudeln (Weizen, Spagetti) mit Ei
Odermennig
Okra
Orangenblüten
Oregano frisch
Oregano getrocknet
Papaya
Passionsblumenblütentee
Passionsfrucht (Maracuja)
Pastinake

Petersilie
Petersilienwurzel
Pfefferminze
Pfefferminztee
Pfeilwurzelmehl
Piment
Preiselbeere
Preiselbeersaft
Puddingpulver Vanille
Pute Brustfleisch
Qualle
Quinoa
Quitte
Radicchio
Rapsöl
Reis Duftreis
Reis Gaoliangreis (Sorghum)
Reis Klebreis
Reis Langkornreis
Reis Reisschleim
Reis Rundkornreis
Reis Sorte beliebig
Reis Süßer
Reismalz
Reismehl
Reisnudeln
Reisstärke
Rettichblätter (vom Wochenmarkt)
Rind (Kalb)
Rind Filet
Rind Fleisch
Rind Suppenfleisch
Römersalat/Lattich-Salat
Rosenblättertee
Rosenblütentee
Rosmarin
Rote Grütze (ohne Zucker)
Rote Rübe
Safran
Salbei
Sanddorn
Sauerampfer
Schafgarbe
Schafgarbentee
Schwarzkümmel
Schwarzwurzel
Schwedenkraut (Schwedenbitter)
Schwein Schinken
Schwein Schinken gekocht
Schwein Schinken geselcht
Sellerie Knolle
Sellerie Stangensellerie
Senf
Senf Dijon

Senf mittelscharf
Senf süß
Senfsamen
Shrimps
Soja Tofu
Soja Tofu geräuchert
Sojabohnenmilch
Sojamehl
Soja-Nudeln
Spargel (grün oder weiß)
Speiserüben
Spinat
Spitzwegerichtee
Stachelbeere
Sternanis
Stevia (Süßkraut)
Süßwasserfisch
Süßwasserkrebs
Teemischung Harnsäuresenkend
Thymian
Thymian getrocknet
Tintenfisch
Tomate
Tomatenmark
Tomatenpüre
Tomatensaft
Tonicwasser
Trüffel
Tsampa (geröstetes Gerstenmehl)
Umeboshipaste
Vanille
Vanillepulver
Vanilleschote
Vanillezucker natur

Vogelmiere
Vogerlsalat (Pflücksalat)
Wacholderbeere
Wachskürbis
Wakame
Walderdbeeren
Wasser
Wasser heiss
Wassermelone
Weißbrot (Weizenbrot)
Weißbrot Baguette
Weißbrot Brösel (Weizenbrot)
Weißbrot Knödelbrot (Weizenbrot)
Weißbrot Salzstangerl
Weißbrot Semmel
Weißwurz
Weizen Fladenbrot
Weizen Flocken
Weizen Gras Pulver
Weizen Gries
Weizen Gries - Kindergries
Weizen Mehl
Weizengrassaft
Wermutkraut
Wildkräuter
Yamswurzel, Yamswurzelknolle
Yogitee
Ysop
Zimtpulver
Zimtstange
Zitronengras
Zitronenmelisse (frisch)
Zitronenmelisse (getrocknet)
Zwieback

4.3   Zutaten verwenden: wenig

Acerola Fruchtnektar oder Pulver
Agavendicksaft
Aloesaft
Ananas
Ananas (aus der Dose)
Ananassaft ungezuckert
Apfel (sauer)
Apfel (süß)
Apfelsaft (Naturtrüb)
Aprikosen Marmelade
Aprikosennektar
Avocado
Bambussprossen
Bärentraubenblätter
Bärlauch (Knoblauchspinat)
Bohnenkraut
Bohnenöl

Borretschöl
Boxhornkleesamen
Brombeermarmelade
Buchweizen Vollkorn
Buschbohnen
Butter (halbfett)
Butter Bio
Butterbohnen weiße
Butterschmalz
Calamari
Chenpi (chinesische Mandarinenschale)
Chili (Schote oder gemahlen)
Chinakohl
Chlorella (Süßwasser)
Clementinen
Colagetränk

Colagetränk (kalorienarm)
Creme fraiche
Datteln getrocknet
Datteln rot
Distelöl
Dornhai (Seeaal, Schillerlocken)
Edamer
Entenei
Erbse, grün
Erbsen
Erdbeermarmelade
Erdbeersaftgetränk
Erdnussöl
Essig (Apfelessig)
Essig (Rotweinessig)
Essig Aceto Balsamico
Essig Aceto Balsamico weiss
Essiggurke
Fasan
Feta
Fisch Innereien
Fischreste
Fischsouce
Frischkäse aus Soja
Frischkäse mit Kräuter
Fruchtzucker (Fruktose, Traubenzucker)
Galgant
Gänseei
Gemüsesaft
Gouda
Grundrezept für eine Fischbrühe
Grundrezept für eine Rinderbrühe
Grundrezept für eine Rinderbrühe wärmend
Grünkern
Haifisch
Hammel
Hase
Hase, wild
Hefe
Heidelbeermarmelade
Heidelbeersaft
Heilbutt
Hering
Hijiki
Himbeermarmelade
Hirsch Fleisch
Hirsch Knochen
Hirsch Nieren
Honig
Hopfen
Huhn Ei
Huhn Eigelb

Huhn Eiweiß
Huhn Fleisch
Ingweröl
Johannisbeermarmelade (rot)
Johannisbeermarmelade (schwarz)
Johannisbeernektar (schwarz)
Kaffee
Kakao
Kaki-Pflaume
Kaninchen Fleisch
Kapern (eingelegt)
Kastanien (Maronen)
Kichererbsen
Kirsche
Kirsche (sauer)
Kirschenkompott
Kirschsaft
Kiwi
Klementine
Knäckebrot
Knoblauch
Kohlrabi
Kohlrübe
Kokosflocken
Kokosmilch
Kokosnussfleisch
Kokosraspeln
Korinthen (rot)
Korinthen (schwarz)
Kürbiskernöl
Lachs
Lamm Fleisch
Lamm Knochen
Lamm Schulter
Lauch (Porree)
Lauchzwiebel Schnittlauch
Leinöl
Limabohnen
Linsen (Helmbohnen)
Linsen gelb
Linsen rot
Linsen schwarz
Maiskeimöl
Makrele
Mandarine
Mangosaft
Margarine
Margarine (Diät)
Marillen
Marillensaft
Meeräsche
Mehrkornbrot (Graubrot)
Mirabelle
Mohn

Moosbeere
Morchel (schwarz, getrocknet)
Mu-Erh-Pilz
Mungbohne
Mungbohnensprossen
Müsli
Nachtkerzenöl
Nektarine
Nierenbohnen (rote)
Nori, Purpurtang, Rotalge
Obstmischung Fruchtsaft
Olivenöl
Orange
Orange abgeriebene Schale
Orange getrocknete Schale
Orange Schale
Orangenmarmelade
Orangensaft
Palmöl
Paprika
Paprika (Rosenpaprikapulver)
Paprika (süß)
Peperoni
Peperoni, gelb, entkernt, halbiert
Peperoni, rot, entkernt, halbiert
Pfeffer Cayenne
Pfeffer Körner
Pfeffer weiss (gemahlen)
Pferd Fleisch
Pfifferlinge/Eierschwammerl
Pfirsich
Pfirsich (Dose)
Pflaume
Pflaume getrocknet
Pintobohnen gesprenkelt
Preiselbeermarmelade
Pute Schinken
Radieschen
Reh Fleisch
Reineclaude
Reis Basmatireis
Reis Schwarzer
Reishi
Rettich (weiß, grün, lila-rot)
Rettich Meerrettich (Kren)
Rettich schwarz
Rhabarber
Rind Fleischknochen
Rind Ochsenschwanzstücke
Roggen
Roggenmehl
Rosenkohl
Rosinen
Rotbarsch

Rotkohl
Sago (Getreide)
Salz
Salz Kräutersalz
Saubohnen (Dicke Bohnen)
Sauerkirsche
Sauerkraut
Sauerteig
Schaffleisch
Schnecke
Scholle
Schwarzaugenbohnen
Schwarze Bohnen
Schwarzer Fungu Pilz
Schwein Fleisch
Schwein Haxe (Eisbein)
Seegurke
Sesamöl
Sesamöl geröstet
Shiitake, getrocknet
Silbermorchel, getrocknet
Soja Cuisine (Soja-Sahne)
Sojabohne
Sojabohnen, Gelbe
Sojabohnen, Schwarze
Sojabohnen, Schwarze, fermentiert
Sojacreme
Sojaöl
Sojapaste (Miso)
Sojasauce
Sonnenblumenöl
Stangenbohnen (Fisolen)
Steinpilz/Herrenpilz
Stutenmilch
Tabasco
Taube
Taube Ei
Thunfisch
Tomate getrocknet
Trauben rot
Trauben weiß
Traubenkernöl
Traubensaft rot
Traubensaft weiß
Umeboshipflaumen (Japanaprikosen)
Wachtel
Wachtel Ei
Walnussöl
Weißdorn
Weiße Bohnen
Weißfischchen
Weißkohl/Weißkraut
Weizen
Weizen Bulgurweizen

Weizenkeimöl
Wildschwein Fleisch
Wirsing/Grünkohl
Ziege
Zitrone
Zitrone Saft
Zitrone Schale
Zitrone, Limette
Zucker (Staubzucker)
Zucker (weiß, aus Rüben)
Zucker braun

Zucker Kandis weiß
Zucker Melasse
Zucker Palmzucker
Zucker Ursüße (Zuckerrohr) süß
Zuckerersatz (Süßstoff)
Zwetschken
Zwiebel Frühlingszwiebel
Zwiebel rot
Zwiebel Schalotte
Zwiebel weiss

4.4 Kontraindikativ wirkende Lebensmittel nicht verwenden

Aal
Aal geräuchert
Adzukibohnen
Aprikose
Aprikose getrocknet
Austernpilze
Bier (alkoholarm)
Bier (alkoholfrei)
Bier (Altbier)
Bier (Pils)
Bitterlikör
Blätterteig
Bohnen (grün, frisch)
Bratöl
Brie
Buttermilch
Camembert
Campari
Cashewnüsse
Dinkel Brot
Dinkel Vollkornmehl
Eibennuss
Emmentaler
Ente (Frühmastente, schlachtfrisch)
Ente (Herz)
Erdnuss (geröstet)
Erdnussbutter
Erdnüsse
Fernet Branca (Kräuterbitterlikör)
Flohsamen
Frischkäse
Gagelpflaume
Gans
Gans (Gänseklein)
Gans (Gänseschmalz)
Gänseblut
Ginsenglikör
Gorgonzola
Graskarpfen

Grundrezept für eine Entenbrühe
Hafer Flocken (Vollkorn)
Hafer Schrot
Haselnüsse
Hiobsträne (Samen) YiYi Ren
Honigwein (Met)
Huhn Blut
Huhn Herz
Huhn Leber
Huhn Magen
Hüttenkäse
Joghurt (natur, 1,5 % Fett)
Joghurt (natur, 3,5 % Fett)
Kaffeeweißer
Kaninchen Leber
Karpfen
Kefir
Kokosfett
Kuhmilch (1,5 % Fett)
Kuhmilch (Vollmilch 3,5 % Fett)
Kürbiskerne
Lamm Leber
Lamm Nieren
Leinsamen
Leinsamen (geschrotet)
Lycheelikör
Magermilchpulver
Malzbier
Mandelmilch
Mandelmus
Mandeln
Mandeln Marzipan
Maniokmehl
Martini
Mayonnaise 50%
Mayonnaise 80%
Mineralwasser
Molke
Mozzarella

Nudeln (Vollkorn) mit Ei
Oliven
Oliven grün
Paranuss
Parmesan
Pinienkerne
Pistazien
Prosecco
Pumpernickel
Quargel 20%
Reis Roter
Reis Vollkorn
Reis Wilder (Naturreis)
Rind Herz
Rind Herz (Kalb)
Rind Knochenmark
Rind Leber
Rind Lunge (Kalb)
Rind Magen
Rind Niere
Roggen Vollkornbrot
Rotwein
Rum
Sahne 10% Kaffeesahne
Sahne sauer 10%
Sahne sauer 20%
Sahne sauer 30%
Sahne, süß 30%
Sake
Sardellen/Sardine
Sauermilch
Sauerrahm 15% Fett
Schafmilch Joghurt
Schafskäse
Schafsmilch
Schimmelkäse
Schmelzkäse 12%
Schmelzkäse 30%
Schnaps
Schokolade
Schokolade (Diabetiker)
Schwein Blut
Schwein Bratwurst

Schwein Darm
Schwein Fett
Schwein Haut
Schwein Herz
Schwein Hirn
Schwein Leber
Schwein Lunge
Schwein Magen
Schwein Markknochen
(Röhrenknochen)
Schwein Mettwurst
Schwein Nieren
Schwein Schinkenspeck
Schwein Schmalz
Sesam Paste (Tahini)
Sesam, Schwarzer
Sesam, Weißer
Sherry
Sonnenblumenkerne
Toastbrot (Vollkorn)
Topfen (Quark) 20%
Topfen (Quark) 40%
Vollkornbrot
Vollkornbrot mit ganzen Körner
Vollkornmehl
Walnüsse
Walnüsse geröstet
Weißwein
Weizen Bier
Weizen Mehl Vollkorn
Weizen/Roggen Grau- Schwarzbrot mit Hefe
Weizenkleie
Wermut
Ziegen- und Schafsblut
Ziegen- und Schafshirn
Ziegen- und Schafsleber
Ziegen- und Schafsmagen
Ziegen- und Schafsmilch
Ziegenkäse
Zucker Fructose Fruchtzucker
Zucker Glukose Traubenzucker
Zucker Milchzucker

5 Komplementär

5.1 Dekokt (Abkochung)

5.1.1 Kardamom

Fördert Verdauung, nährt Knochen und Sehnen, löst Blähungen,
kontrolliert übermäßigen Harndrang, hilft bei Verdauungsschwäche.
Abkochung aus 3-10 g, in zwei Dosen auf leeren Magen trinken
Nicht anwenden bei: Magengeschwüren
Wirkstoffe: Fettes Öl, Zucker, Eiweiß, Gummi, Stärke, viele weitere
Inhaltstoffe.

5.2 Fertiggetränk

5.2.1 Milch Ersatz bei veganer Ernährung

Vegane Milch hat ähnliche Kocheigenschaften und Geschmack wie
tierische Produkte aber teilweise andere Inhaltsstoffe und
Spurenelemente, welche bei ausgewogener Ernährung auch durch
andere Lebensmittel ergänzt werden.
Es gibt industriell hergestellt Ersatzmilch aus möglichst natürlich
angebauten Pflanzen wie Soja, Weizen, Reis, Lupinen,... Diese werden
als Pulver und flüssig abgepackt angeboten. Auf Sterilität ist besonders
zu achten, richtiges Kochen des Wassers und saubere Utensilien sind
Voraussetzung. Bei Naturprodukten ist es gut, die Betriebe persönlich zu
kennen oder zertifizierte Hersteller auszuwählen.

5.3 Heil-Tee (Aufguss)

5.3.1 Andorn

Anregend auf die Luft- und Verdauungswege, blutbildend,
entzündungshemmend,
2 Teelöffel des Tees mit 250 ml kochendem Wasser übergießen und 10
Minuten ziehen lassen. Danach absieben. Nach Bedarf 2 bis 3 Tassen
pro Tag trinken.
Äußerlich kann man Andorn-Tee oder verdünnte Tinktur in Form von
Umschlägen, Bädern oder Waschungen anwenden. Mit dieser Art der
Anwendung kann man Ekzeme lindern. Andorn hilft äußerlich eingesetzt
auch gegen Geschwüre und andere Wunden, die nicht heilen wollen.
Nicht während der Schwangerschaft, in der Stillperiode oder von
Personen mit Herzerkrankungen verwenden.

5.3.2 Baldrian

Blutdrucksenker, Nerven- und Beruhigungsmittel, krampflösend, Linderung klimakterischer Beschwerden.
2 Teelöffel des Tees mit 250 ml kochendem Wasser übergießen und 10 Minuten ziehen lassen. Danach absieben. Nach Bedarf 2 bis 3 Tassen pro Tag trinken.
Wirkstoffe: Baldriansäure, Valepotriate, Bizyklische Sesquiterpene, Alkaloide
Nicht während der Schwangerschaft und Kinder unter 12 Jahren.

5.3.3 Baldrianwurzel

Bei nervösen Reizzuständen, Unruhe, Schlaflosigkeit, Konzentrationsschwäche, nervösem Herzklopfen, nervösen Magen- und Darmerkrankungen.
2 Teelöffel mit 1/4 Liter kaltem Wasser übergießen und 8 Stunden stehen lassen oder mit kochendem Wasser übergießen, 5 bis 10 Minuten ziehen lassen. 2-3 mal täglich lauwarm trinken oder abends 1-2 Tassen warm trinken.

5.3.4 Catuaba Tee

Hohen Anteil an Mineralstoffen und Spurenelementen. Vor allem Magnesium, Kalium und Calcium sind in beachtlichen Mengen erhalten. Catuaba wirkt regenerierend und angenehm erfrischend.
Einen gehäuften Esslöffel Tee ca. 5 Minuten in ½ Liter Wasser kochen und anschließend etwa 15 Minuten ziehen lassen. Mit Honig süßen. Ein kleiner Spritzer Zitronensaft beim Aufgießen dem Tee beigemischt, hilft die Mineralstoffe optimal herauszulösen.
Catuaba ist eine Droge, die aus verschiedenen Pflanzen hergestellt wird. Verwendete Pflanzen sind neben anderen Trichilia catigua, Anemopaegma arvense und Erythroxylon-Arten (Verwandte des Cocastrauchs).

5.3.5 Heidelbeeren Blätter

Lindert Durchfall mit und ohne Blut. Regt Appetit an, lindert Blähungen. Gut gegen Zystitis mit Bakterien (Harn desinfizierend), Harnröhrenkatarrh, atonische Harninkontinenz.
5-10g Blätter auf 1 Liter Wasser.

5.3.6 Hopfen

Beruhigend, hormonregulierend, appetitanregend, kräftigt Magen und Darm, harntreibend, schmerzlindernd und krampflösend.
Tagesdosis 0,5 g der Zapfen bzw. 1-2 ml der Tinktur. Etwa 0,5 g der

zerkleinerten Hopfenzapfen mit siedendem Wasser übergießen und nach 10-15 Minuten durch ein Teesieb gegeben.
Die Hopfenblüten enthalten Lupulin und Harze welche sich zusammensetzen aus Humulonen, Lupolonen und Bitterstoffen wie Hopfenbittersäure und Acylphloroglruciden. Außerdem ein ätherisches Öl sowie diverse Gerbstoffe.

5.3.7 Kümmel
Fördert Verdauung. Gut gegen Appetitlosigkeit, Magenschwäche, Diarrhöe, Übelkeit, Darmkoliken, Magenkrämpfe, Husten.

5.3.8 Pfefferminzblätter
Entkrampft, befreit Lunge und Nase (Inhalieren), reguliert Zyklus. Regt Gallenfluss und Gallensaftproduktion an, krampflösend
 bei Beschwerden im Magen-Darm-Bereich, antimikrobiell und antiviral.
2-10 g mit 250 ml kochendem Wasser übergießen und 10 Minuten ziehen lassen. Danach absieben. Nach Bedarf 2 bis 3 Tassen pro Tag trinken.
Wirkstoffe: äth. Öl (Menthol), Gerbstoffe, Flavonoide, Bitterstoffe
Nicht lange kochen; nicht verwenden bei: Biao-Xu-Schwitzen oder Schwangerschaft.

5.3.9 Rosmarin frisch
Fördert Verdauung, lindert Blähungen, stärkt Lunge, Milz und Niere. Wirkt belebend auf Kreislauf und Nerven. Appetitanregend. Wannenbäder helfen sowohl bei Kreislaufschwäche, Durchblutungsstörungen als auch bei Gicht und Rheuma.
Rosmarin wirkt belebend auf Kreislauf und Nerven und verdauungsanregend. Das herb aromatische Kraut passt gut zu Fleischgerichten, auch zu Fisch. Mit Olivenöl und Knoblauch schmeckts wie im Süden.

5.3.10 Wermut
Gut gegen Appetitlosigkeit, Verdauung schwäche, Magenkrämpfe, Blähungen, Gastritis, Erschöpfung, Reizbarkeit, Medikamenten- und Nahrungsmittelunverträglichkeit, Fieber, Grippale Infekte, Parasiten.
1 TL auf 1/2l Wasser
Wermut - Wird nicht nur verwendet, um Würmer zu eliminieren; er ist außerdem eine höchst wirksame Leber- und Verdauungshilfe. Er ist auch dabei behilflich, Blockaden zu entfernen, die eine träge Menstruation erzeugen. Es ist immer am Besten, dieses Kräutermittel in Verbindung mit anderen Kräutern einzunehmen.
Medizinische Anwendungen: Blutarmut, Arthritis, Blähungen, Kreislauf,

Erkältungen, Verstopfung, Depression, Ödeme, Ohrenschmerzen, Fieber, Frauenleiden, Winde, Gallenblase, Gallensteine, Gicht, Herzbrennen, Hepatitis, Gelbsucht, Nierenleiden, morgendliche Übelkeit, Übelkeit, Fettleibigkeit, Parasiten, Rheumatismus, Magenleiden, Würmer. Eigenschaften: Abortiv wirkend, alterativ, Appetit fördernd, Wurmmittel, antibiotisch, Anti-Depressionsmittel, entzündungshemmend, fiebersenkend, antiseptisch, aromatisch, Bittertonikum, Mittel gegen Blähungen, galletreibend, verdauungsfördernd, Eintritt der Monatsblutung förderndes Mittel, magenstärkend, Wurmmittel.
Nicht in der Schwangerschaft verwenden. Es ist immer am Besten, dieses Kräutermittel in Verbindung mit anderen Kräutern einzunehmen.

5.4 Komplementäre Anwendung

5.4.1 Heilfasten

Das Fasten zählt zu den ältesten Heilmethoden. Entgiftet und baut Immunsystem auf.
Das Fasten zählt zu den ältesten Heilmethoden. In aktuellen Untersuchungen hat sich gezeigt, dass Heilfasten konkret gegen Krebszellen vorgeht und daher eine wichtige Komponente in einer ganzheitlichen Krebstherapie darstellen kann. Es gibt schon seit vielen Jahren mehrere Kliniken, welche die Krebstherapie mit Fastenkuren verbinden und gute Erfolge haben. Die Methode wurde vor mehr als 60 Jahren bereits in Russland angewendet. Da Krebszellen meistens einen sehr hohen Stoffwechsel haben und daher auch viel Energie benötigen, werden beim Fasten auch die Entwicklung gebremst. Grundsätzlich wird beim Fasten auch der Körper von Abfallstoffen gereinigt und dadurch das Immunsystem gestärkt. Die Erfolgsaussichten sind bei den verschiedenen Krebsarten unterschiedlich.
Die Methode des Heilfastens beruht auf der Philosophie, dass durch das Fasten besonders die Krebszellen geschwächt werden. Ich halte diese Methode nur unter ärztlicher Aufsicht durchführbar. Wenn ein Körper während eines Heilungsprozesses massiv geschwächt wird kann es zu massiven Beeinträchtigungen bei der Wundheilung kommen.

5.5 Speisezugabe

5.5.1 Oregano frisch

Er wirkt verdauungsfördernd, beruhigend und nervenstärkend, gegen krampfartige Magen- und Darmbeschwerden. Der Inhaltsstoff Carvacrol wirkt entzündungshemmend.
2 TL Oregano (getrockneter) mit 250 ml kochendem Wasser zubereiten.

1 TL Honig nach Bedarf.
Wirkstoffe: äth. Öl, Gerbstoffe, Bitterstoffe
Er wirkt verdauungsfördernd, beruhigend und nervenstärkend. Das beste
Aroma hat er zur Blütezeit. Oregano ist das typische Pizzagewürz. Es
passt zu Fleisch, in Suppen und Eintöpfe, zu Tomaten, Zucchini und
Erbsen. Auch die aromatischen rosa bis weißen Blüten werden
verwendet. Beim Kochen entfaltet sich das Aroma.
Die innerliche Anwendung sollte bei Schwangeren vermieden werden.
Hautreizung möglich. Nicht überdosieren.

5.6 Verschiedene Möglichkeiten

5.6.1 Komplementäre Vitaminpräparate

Zusätzlich zugeführte Vitamine können Ihr Wohlbefinden steigern und
ermöglichen meistens einen rascheren Heilungsprozess. Bei Magen-
Darmerkrankungen oder anderwärtig erhöhtem Bedarf können
ergänzend Nahrungergänzungsmittel helfen.
Bitte mit dem behandelnden Arzt oder Therapeuten anhand eines
Blutbildes absprechen.
Es gibt fettlösliche und wasserlösliche Vitamine. Fettlösliche werden in
Depots des Körpers gespeichert und müssen nicht täglich eingenommen
werden. Der Körper benötigt den Großteil der wasserlöslichen Vitamine
zur Bildung von Co-Enzymen. Wen Ernährungsstörungen vorliegen
sollten diese Vitamine regelmäßig zugeführt werden.

5.6.2 Mariendistel

Gut gegen Koliken, Krämpfe, Schmerzen im Oberbauch, Obstipation,
Leberzirrhose, Fettleber, Pankreaserkrankungen.
Ein wichtiges Lebermittel in der westlichen Naturheilkunde, besonders
zur Entgiftung und als Antitoxin. Selten als Teedroge verwendet, da
wichtige (antitoxische) Inhaltsstoffe schlecht wasserlöslich sind.
Kann leicht laxierend wirken.

6 Grundlagen der Ernährung

Die hier beschriebenen Grundlagen der Ernährung zeigen allgemeine Empfehlungen und beziehen sich nicht auf eine spezielle Therapieform. Die Empfehlungen der Therapie haben Vorrang.

6.1 Ernährung

Die regelmäßige Einnahme von Mahlzeiten in entspannter Atmosphäre. Ein wärmendes Frühstück gilt als guter Start in den Tag. Mittags sollte die Hauptmahlzeit stattfinden - das Abendessen am frühen Abend.

Die Beachtung von Hunger- und Sättigungsgefühlen: Nicht überessen und nicht hungern, so lautet die Regel.

Die frische Zubereitung der Speisen aus naturbelassenen, regionalen Produkten. Tiefgekühlte, hitzekonservierte, industriell vorgefertigte oder mikrowellengegarte Lebensmittel werden gemieden.

Die Auswahl von Lebensmittel nach der Jahreszeit: Im Sommer mehr kühlende Nahrung, im Winter mehr wärmende Nahrung.

Mindestens zweimal am Tag Gekochtes essen. Speisen und Getränke sollen möglichst handwarm, niemals eiskalt oder heiß sein.

Rohkost, kurz gegartes Gemüse, frisch gepresste Säfte und Mineralwasser werden üblicherweise nicht empfohlen. Milch und Milchprodukte stehen nur dann auf dem Speiseplan, wenn sie problemlos vertragen werden.

Therapeutische Rezepte nicht über einen längeren Zeitraum ohne Rücksprache mit dem Arzt oder Therapeuten einnehmen.

1. Vielseitig essen
Lebensmittelvielfalt genießen. Merkmale einer ausgewogenen Ernährung sind abwechslungsreiche Auswahl, geeignete Kombination und angemessene Menge nährstoffreicher und energiearmer Lebensmittel. (Einerseits Schutz vor Unterversorgung mit essentiellen Nährstoffen und andererseits Schutz vor einer überhöhten Zufuhr unerwünschter Inhaltsstoffe.)

2. Reichlich Getreideprodukte - und Kartoffeln
Brot, Nudeln, Reis, Getreideflocken (am besten aus Vollkorn), sowie

Kartoffeln enthalten kaum Fett, aber reichlich Vitamine, Mineralstoffe, Spurenelemente sowie Ballaststoffe und sekundäre Pflanzenstoffe. Diese Lebensmittel sollten mit möglichst fettarmen Zutaten verzehrt werden.

3. Gemüse und Obst - Nimm "5" am Tag ...
5 Portionen Gemüse und Obst am Tag, möglichst frisch, nur kurz gegart, oder auch eine Portion als Saft – idealerweise zu jeder Hauptmahlzeit und auch als Zwischenmahlzeit: Damit werden reichlich Vitamine, Mineralstoffe sowie Ballaststoffe und sekundären Pflanzenstoffe (z.B. Carotinoiden, Flavonoiden) zugeführt. Das Beste, was man für die eigene Gesundheit tun kann.

4. Täglich Milch und Milchprodukte, ein- bis zweimal in der Woche
Fisch; Fleisch, Wurstwaren sowie Eier in Maßen. Diese Lebensmittel enthalten wertvolle Nährstoffe, wie z.B. Calcium in Milch, Jod, Selen und Omega-3-Fettsäuren in Seefisch. Fleisch ist wegen des hohen Beitrags an verfügbarem Eisen und an den Vitaminen B1, B6 und B12 vorteilhaft. Mengen von 300 - 600 g Fleisch und Wurst pro Woche reichen hierfür aus. Fettarme Produkte bevorzugen, vor allem bei Fleischerzeugnissen und Milchprodukten.

5. Wenig Fett und fettreiche Lebensmittel
Fett liefert lebensnotwendige (essenzielle) Fettsäuren und fetthaltige Lebensmittel enthalten auch fettlösliche Vitamine. Fett ist besonders energiereich, daher kann zu viel Nahrungsfett Übergewicht fördern, möglicherweise auch Krebs. Zu viele gesättigte Fettsäuren fördern langfristig die Entstehung von Herz-Kreislauf-Krankheiten. Pflanzliche Öle und Fette bevorzugen (z.B. Raps-, Oliven- und Sojaöl und daraus hergestellte Streichfette). Auf unsichtbares Fett achten, das in Fleischerzeugnissen, Milchprodukten, Gebäck und Süßwaren sowie in Fast-Food- und Fertigprodukten meist enthalten ist. Insgesamt 70 - 90 Gramm Fett pro Tag reichen aus.

6. Zucker und Salz in Maßen
Nur gelegentlich Zucker und Lebensmittel, bzw. Getränke verzehren, die mit verschiedenen Zuckerarten (z.B. Glucose Sirup) hergestellt wurden. Kreativ mit Kräutern und Gewürzen und wenig Salz würzen. Jodiertes Speisesalz bevorzugen.

7. Reichlich Flüssigkeit
Wasser ist absolut lebensnotwendig. Jeden Tag rund 1-2 Liter Flüssigkeit trinken. Wasser (ohne oder mit Kohlensäure) und andere kalorienarme Getränke bevorzugen. Alkoholische Getränke sollten nicht konsumiert

werden.

8. Schmackhaft und schonend zubereiten
Die jeweiligen Speisen bei möglichst niedrigen Temperaturen garen, soweit es geht kurz, mit wenig Wasser und wenig Fett - das erhält den natürlichen Geschmack, schont die Nährstoffe und verhindert die Bildung schädlicher Verbindungen.

9. Sich Zeit nehmen und das Essen genießen
Bewusstes Essen hilft, richtig zu essen. Auch das Auge isst mit. Sich beim Essen Zeit lassen. Das macht Spaß, regt an, vielseitig zuzugreifen und fördert das Sättigungsempfinden.

10. Auf das Gewicht achten und in Bewegung
Ausgewogene Ernährung, viel körperliche Bewegung und Sport (30 bis 60 Minuten pro Tag) gehören zusammen. Mit dem richtigen Körpergewicht fühlt man sich wohl und fördert die Gesundheit.
Thermik, Wirkrichtung, Verdauungskraft
Es gibt unterschiedliche Kriterien, die Wirksamkeit von Kräutern und Lebensmittel zu beurteilen. Der Einsatz der Kräuter und Zutaten basiert auf Beobachtung, was die Lebensmittel, Kräuter und Gewürze nach ihrem Verzehr im Körper bewirken. In der Medizin hat sich daraus folgendes System entwickelt: Jede Zutat oder Kraut hat eine Wirkrichtung. Außerdem gibt es noch Kräuter, die eine besondere Wirkung auf bestimmte Organe haben.

Voraussetzung für einen gesunden Stoffwechsel ist es, darauf zu achten, dass wir ausreichend Energie aus der Nahrung gewinnen und der Verdauungsprozess so wenig Energie wie möglich verbraucht. Eine bekömmliche Mahlzeit macht zufrieden und satt, verursacht keine Blähungen und keine Müdigkeit nach dem Essen. Richtiges Würzen erhöht die Bekömmlichkeit unserer Speisen. Es genügen oft schon geringe Mengen an Kräutern und Gewürzen. Sie dienen nicht dazu, uns satt zu machen, sondern helfen unseren Verdauungsorganen, die Nahrung zu verdauen.

6.2 Rezepte

Die Rezepte zeigen Ihnen welche Zutaten verwendet werden sowie mit der Kochanleitung wie diese zubereitet werden. Bei den Zutaten wird neben den Mengenangaben auch die Wichtigkeit für die Therapie angezeigt. Wenn dabei angezeigt wird "weniger als angegeben" versuchen Sie diese Empfehlung einzuhalten oder eine Alternative aus der Liste der "Empfohlenen Lebensmittel" zu finden. Meistens ist es nur eine leichte geschmackliche Änderung wenn Sie diese Zutat gänzlich weglassen.

Schonende Kochmethoden: Kochen, dämpfen, pochieren, dünsten
Scharfe Kochmethoden: Grillen, rösten, anbraten, räuchern
Ausgeglichene Kochmethoden: Frittieren, Römertopf

Auf das Einfrieren und erwärmen in der Mikrowelle sollte verzichtet werden (Denaturierung).

6.3 Lebensmittel

Lebensmittel wirken wie Heilkräuter auf Körper und Geist, nur wesentlich sanfter. Die Ernährungsberatung stützt sich hauptsächlich auf heimische Lebensmittel. Das Wissen über die Wirkungsweisen jedes einzelnen Lebensmittels und das Wissen wann welche Lebensmittel zur Anwendung kommen, entstammt der Schulmedizin. Verwende Sie möglichst Erzeugnisse aus ökologischen-biologischem Landbau.

Da wegen der besseren Verdaulichkeit grundsätzlich alles lange gekocht und kaum roh gegessen wird, ist die Verträglichkeit hervorragend.

Die Einteilung der Lebensmittel entsprechend ihrer Wirkung auf den Körper und bildet die Basis, um einen ausgewogenen und harmonischen Gesundheitszustand im Körper zu erreichen.

Grundsätzlich empfiehlt die Ernährungsberatung keine bestimmten Lebensmittel für Jedermann. Ausschlaggebend für den individuellen Speiseplan ist vor allem die persönliche Konstitution.

Kaufen Sie nur frisches und reifes Obst und Gemüse ein. Braune Stellen, welke Blätter aber auch unreifes Obst und Gemüse sollten Sie im Supermarkt zurücklassen. Greifen Sie dann zu Tiefkühlware (keine Fertiggerichte!). Tiefkühlobst und -gemüse werden kurz nach dem Ernten schockgefroren und enthalten deshalb oftmals mehr Vitamine und Mineralstoffe, als die Ware aus der Obst- und Gemüsetheke! Konserven- und Dosenware dagegen enthält wesentlich weniger Biostoffe. Zudem werden Letztere meist mit Salz, Zucker usw. angereichert. Lassen Sie die Zutaten nach dem Waschen nie im Wasser liegen, denn so gehen viele Vitalstoffe ins Wasser über! Putzen Sie Salate, Früchte und Gemüse erst unmittelbar vor Verzehr.

Beachten Sie bitte die hygienische Verarbeitung der Lebensmittel. Waschen Sie Ihre Salate, Früchte und Gemüse gründlich. Bei Gerichten mit Fleisch bereiten Sie zuerst die Zutaten vor und verarbeiten dann die Fleischprodukte. Reinigen Sie danach die Arbeitsflächen und Werkzeuge besonders gründlich. Holzunterlagen sollten regelmäßig mit leichtem Desinfektionsmittel behandelt werden um die Keimbildung einzuschränken.

Bewahren Sie Obst und Gemüse möglichst getrennt voneinander auf. Auch geerntete Früchte und Gemüse leben und strömen z.B. Ethylengas aus, das andere Sorten schneller reifen und altern lässt. Fleisch und Fisch in der verschlossenen Verpackung lassen oder in luftdichten Boxen im Kühlschrank aufbewahren.

6.4 Kräuter

Bei der Aufbewahrung und Lagerung von Heilkräutern, müssen gewisse Grundregeln beachtet werden. Grundsätzlich müssen Heilkräuter geschützt vor direkter Sonneneinstrahlung, vor Feuchtigkeit und vor heißen Temperaturen gelagert werden.

Als Gefäße für die Lagerung von Heilkräutern können Gläser, Keramik-Behälter und zur Not auch Plastik-Dosen eingesetzt werden. Plastik ist aber ein sehr unreines Material und sollte daher wirklich nur eine kurzfristige Notlösung sein. Bei Glasbehältern ist darauf zu achten, dass dunkles Glas verwendet wird.

Heilkräuter können nicht beliebig lange aufbewahrt werden. Die Haltbarkeit von Heilkräutern ist auf jeden Fall begrenzt. Durch die Haltbarkeitsdauer kann durch sachgerechte Lagerung wesentlich erhöht werden. So soll der Lagerplatz dunkel, eher kühl und absolut trocken sein. Ein Medizinschrank aus Holz, der nicht direkt bei einer Wärmequelle platziert ist wäre ideal. Um Ihre Heilkräuter nicht wegwerfen zu müssen, kaufen Sie nicht zu große Mengen an Heilpflanzen. Beschriften Sie die Behälter mit dem Namen des Heilkrauts und dem Datum der Ernte bzw. der Verarbeitung.

7 Weitere Ernährungsvorschläge

Folgende Syndrome der Diätetik, der TCM oder als Therapieergänzung bei Krebs sind verfügbar.

DIÄTETIK

1. Ernährung des Säuglings - Beikost
2. Ernährung in der Stillzeit
3. Ernährung im Alter
4. Ernährung von Kindern und Jugendlichen
5. Ernährung von Sportlern
6. Leichte Vollkost
7. Schwangerschaft
8. Vollkost

Eiweiß und Elektrolyt – Nieren
9. (Hämo-)Dialysebehandlung
10. Akutes Nierenversagen
11. Chronische Niereninsuffizienz
12. Nephrotisches Syndrom
13. Nierensteine (Nephrolithiasis)

Gastrointestinaltrakt - Bauchspeicheldrüse
14. Akute Pankreatitis (Entzündung der Bauchspeicheldrüse)
15. Chronische Pankreatitis (Entzündung der Bauchspeicheldrüse)

Gastrointestinaltrakt - Dünndarm und Dickdarm
16. Akute Obstipation (Verstopfung)
17. Chronische Obstipation (Verstopfung)
18. Colon irritabile
19. Divertikulitis
20. Erworbene Laktoseintoleranz (Laktosemalabsorption)
21. Fruktosemalabsorption
22. Glutensensitive Enteropathie (Zöliakie)
23. Kolektomie
24. Kurzdarmsyndrom

Gastrointestinaltrakt - Leber, Gallenblase, Gallenwege
25. Akute und chronische Hepatitis (Entzündung der Leber)
26. Cholelithiasis (Gallensteine)
27. Fettleber
28. Leberzirrhose

Gastrointestinaltrakt - Magen und Zwölffingerdarm
29. Akute Gastritis
30. Chronische Gastritis
31. Magenblutung
32. Ulcus ventriculi und Ulcus duodeni
33. Zustand nach Magenoperation

Gastrointestinaltrakt - Mundhöhle und Speiseröhre
34. Mundschleimhautentzündung
35. Ösophaguskarzinom (Speiseröhrenkrebs)
36. Reflüxösophagitis (Sodbrennen)

spezielle Krankheiten
37. Phenylketonurie (PKU)
38. Rheumatische Gelenkserkrankungen

Stoffwechsel
39. Adipositas (Übergewicht)
40. Diabetes mellitus
41. Essstörungen (Untergewicht)
Fettstoffwechsel
42. Hypercholesterinämie (erhöhter Cholesterinspiegel)
43. Hepatische Enzephalopathie
Herz- und Kreislauf
44. Arteriosklerose (Arterienverkalkung)
45. Herzinsuffizienz
46. Hypertonie (Bluthochdruck)
47. Hyperurikämie und Gicht
veränderter Nährstoffbedarf
48. bei Fieber
49. bei malignen Erkrankungen
50. nach Verbrennungen
51. Strahlen- und Chemotherapie

KREBS
100. Bauchspeicheldrüse
101. Blasenkrebs
102. Blutkrebs (Leukämie)
103. Brustkrebs
104. Darmkrebs
105. Magenkrebs
106. Nierenkrebs
107. Speiseröhrenkrebs

TCM
200. Blase - Feuchte Hitze in der Blase
201. Blase - Feuchtigkeit und Kälte in der Blase
202. Blase - Leere und Kälte in der Blase
203. Dickdarm - äussere Kälte befällt den Dickdarm
204. Dickdarm - Feuchte Hitze im Dickdarm
205. Dickdarm - Hitze blockiert den Dickdarm II akut
206. Dickdarm - Trockenheit des Dickdarms
207. Dickdarm - Yang Mangel (Kälte)
208. Herz - Blut Mangel
209. Herz - Blut Stagnation
210. Herz - Feuer
211. Herz - Heisser Schleim verstopft die Herzporen
212. Herz - Kalter Schleim verstopft die Herzporen
213. Herz - Qi Mangel
214. Herz - Yang Mangel
215. Herz - Yin Mangel
216. Leber - aufsteigender Leber-Yang
217. Leber - Blut-Mangel
218. Leber - Blut-Stagnation
219. Leber - feuchte Hitze in Leber und Gallenblase
220. Leber - Feuer
221. Leber - Gallenblase Qi-Leere
222. Leber - Kälte im Lebermeridian
223. Leber - Qi-Stagnation

224. Leber - Wind
225. Leber - Wind mit aufsteigendem Leber Yang
226. Leber - Wind mit Blutleere
227. Leber - Wind mit extremer Hitze
228. Lunge - Qi Mangel
229. Lunge - Schleim-Feuchtigkeit in der Lunge
230. Lunge - Schleim-Hitze in der Lunge
231. Lunge - Schleim-Kälte in der Lunge
232. Lunge - Trockenheit der Lunge
233. Lunge - Wind-Hitze befällt die Lunge
234. Lunge - Wind-Kälte befällt die Lunge
235. Lunge - Yin Mangel
236. Magen - Blutstagnation
237. Magen - Feuer
238. Magen - Magenkälte mit Flüssigkeit
239. Magen - Nahrungsstagnation
240. Magen - Qi Mangel
241. Magen - rebellierendes Magen Qi
242. Magen - Yin Leere
243. Milz - Hitze und Feuchtigkeit befällt die Milz
244. Milz - Kälte und Feuchtigkeit befällt die Milz
245. Milz - Qi Mangel
246. Milz - Qi Mangel + Absinkendes MilzQi
247. Milz - Qi Mangel + Milz kontrolliert das Blut nicht
248. Milz - Yang Mangel
249. Niere - Herz und Niere kommunizieren nicht mehr
250. Niere - Jing Mangel
251. Niere - Nieren können das Qi nicht empfangen
252. Niere - Qi ist nicht fest
253. Niere - Yang Mangel
254. Niere - Yin Mangel